Heutzutage sind Frauen eigentlich nicht mehr gezwungen, der Kinder wegen zu Hause zu bleiben oder zugunsten einer Karriere auf Kinder zu verzichten. Ein erfolgreiches Berufsleben und ein erfülltes Privat- und Familienleben sind theoretisch vereinbar. Aber trotz der Wahlmöglichkeit zwischen verschiedenen Lebensentwürfen halten Frauen an alten Rollenverteilungen in Beziehungen fest und leiden nach wie vor unter der enormen Doppelbelastung. Der Grund dafür liegt aber nicht etwa in der Wahl falscher Partner oder an einem ineffektiven Zeitmanagement. Cheryl Benard und Edit Schlaffer setzen mit ihrer Kritik da an, wo Frauen es am wenigsten vermuten: bei den Frauen selbst. Der Kern des Problems ist ihr falsches Verständnis von Partnerschaft und Liebe. Dem Mann und der Partnerschaft wird ein zu hoher Stellenwert eingeräumt, dem alles andere untergeordnet wird, sodass frau eine – wirtschaftlich ausgedrückt – zu einseitige Investitionsstrategie fährt. Die Autorinnen ziehen Parallelen zur modernen Menschenführung aus der Arbeitswelt und präsentieren den Leserinnen ein äußerst effektives Beziehungsmanagement, mit dessen Hilfe jede Frau ihre kleine Firma zu Hause auf Erfolgskurs führen kann.

Cheryl Benard und *Edit Schlaffer*, beide sind verheiratet und haben jeweils zwei Kinder, leiten als Sozialwissenschaftlerinnen die Ludwig-Boltzmann-Forschungsstelle für Politik und zwischenmenschliche Beziehungen in Wien. Von ihnen stammt u. a. auch der Titel: ›Die Emotionsfalle. Vom Triumph des weiblichen Verstandes‹, der ebenfalls als Fischer Taschenbuch (Bd. 15211) erhältlich ist.

Unsere Adresse im Internet: www.fischerverlage.de

Cheryl Benard
Edit Schlaffer

Glücklich trotz Mann

Partnerschaft und
ihre Mythen

Fischer
Taschenbuch
Verlag

Veröffentlicht im Fischer Taschenbuch Verlag,
einem Unternehmen der S. Fischer Verlag GmbH
Frankfurt am Main, September 2006

Satz: Pinkuin Satz und Datentechnik, Berlin
Druck und Bindung: Druckerei C. H. Beck, Nördlingen
Printed in Germany
ISBN-13: 978-3-596-17155-2
ISBN-10: 3-596-17155-5

Inhalt

Vorwort 7
Get a life! 11

Teil 1
Die Balance des Glücks

Kurskorrekturen 19
Ein Zimmer für sich 43
Beziehungslandschaften 61

Teil 2
Räume und Freiräume

Die Macht der Konventionen 99
I Did It My Way 113
Im Theater des Lebens 142
Raum und Partnerschaft 161

Teil 3
Die Devise heißt P-L-A-N

Vom unglücklichen Zufall zum geplanten Glück . . 181
Die Sicht der Männer 220

Vorwort

Wie sieht das erstrebenswerte Frauenleben heute aus? Diese Frage ist nicht ganz leicht zu beantworten. Die braven dienstbaren Frauenrollen ehemaliger Zeiten haben längst ihr minimales Versprechen von Stabilität und Sicherheit eingebüßt. Die anstrengenden Kombimodelle – Ehefrau, Geliebte, Mutter, Nachhilfelehrerin, Hausfrau, Berufstätige, Vorgesetzte – klingen zwar viel versprechend, doch bleiben Lebensfreude und Genuss oft zwischen zwei Terminen auf der Strecke.
Aber was folgt daraus? Worauf verzichten?
Erfolg verspricht Glücksgefühle, Lebensqualität, Sicherheit. Aber das ist, darin sind die meisten sich einig, ein kaltes Glück. Aufgewärmt wird es erst, wenn menschliche Nähe dazukommt.
Es ist nicht falsch, das zu wollen. Es ist nur verhängnisvoll, den falschen Weg dorthin einzuschlagen. Zwischen Verzicht und Nostalgie, Überanpassung und Klischee führt ein krummer Irrweg die Frauen auf Abwege.
Glücklich durch die bloße Existenz eines Mannes in unserem Leben? Oder glücklich, weil wir uns losgesagt haben von Beziehungskiste und Gefühlskram? Oder halbglücklich mit erschöpfenden Kompromissen, Improvisationskunst und strategischer Anpassung? Alle diese Wege sind unbefriedigend. Dieses Buch zeigt einen neuen Weg.

Wir lernen Frauen kennen, die in ihrer Lebensplanung nicht auf diese ausgedienten Modelle zurückgreifen, die sich weder abfinden noch anpassen, sondern die ihr Leben so einrichten, wie es ihnen gefällt. Dabei räumen sie der Liebe und dem Mann den gebührenden Platz ein – nicht zu viel, nicht zu wenig. Für viele dieser Frauen war dies ein Prozess, denn die alten Modelle haben eine starke Anziehungskraft, und ein eigenes Frauenleben zu erfinden und zu realisieren hieß zuerst, sich von diesen Vorlagen zu befreien.
Drei Begriffe erweisen sich dabei als die zentralen Wegweiser:

- Plan
- Raum
- Gleichgewicht

In den Berichten derjenigen Frauen, denen es besonders gut gelingt, ihre Lebenswünsche zu realisieren, tauchen diese drei Begriffe immer wieder auf. Diese Frauen haben einen Plan – nicht unbedingt von Anfang an, aber irgendwann. Und sobald sie diesen Plan formulieren und beginnen, ihn gezielt umzusetzen, wird alles schlagartig besser. Was gar nicht so mysteriös ist, wie es vielleicht zunächst klingt, denn wann kommen wir eher an unser Reiseziel? Wenn wir den Weg wissen und uns auf der Karte die Route zusammengestellt haben, oder wenn wir einfach planlos durch die Gegend fahren?
Zweitens gestehen diese Frauen sich selber Raum zu. Das kann Raum sein im klassischen Sinn – sie richten sich ganz buchstäblich irgendwo ein eigenes Zimmer ein, ein Atelier, eine Ecke, in dem sie ihren ganz persönlichen Interessen nachgehen und nach ihrem ganz eige-

nen Rhythmus leben können. Oder es kann Raum im metaphorischen Sinn sein. Die Frauen werfen irgendeine Konvention ab, die sie immer schon belastet und eingeengt hat, und bekennen sich zur eigenen Persönlichkeit.

Drittens streben diese Frauen in ihren Beziehungen nach einem Gleichgewicht. Dazu gehört, dass sie sich eines grundlegenden Widerspruchs bewusst werden.

Die meisten Frauen wollen einen Partner, und sie wollen einen Mann, zu dem sie aufschauen können, der etwas »hermacht«. Diese zwei Wünsche stammen jedoch aus unterschiedlichen Epochen, und es liegt auf der Hand, dass sie nicht zusammenpassen. Wenn man zu jemandem aufsieht, ist das kein Partner, sondern ein Vorgesetzter. Gleichgewicht zu erzielen, heißt aber nicht nur, sich innerhalb der Beziehung als eigene intakte Persönlichkeit zu bewahren. Es heißt auch, das eigene Umfeld richtig wahrzunehmen.

Der Löwenanteil der weiblichen Bemühungen im Beziehungssektor kommt ihren Liebesbeziehungen zugute – ihren tatsächlichen, aber auch ihren erhofften Liebesbeziehungen. Wirtschaftlich gedacht würden wir sagen: Diese Investitionsstrategie ist zu einseitig. Wir analysieren die Beziehungsportfolios von Frauen. Was kommt zu kurz? Von welchen unausgesprochenen Prioritäten gehen sie aus? Welche Bereiche sind inflationär überbewertet, welche wertvollen Ressourcen werden gar nicht richtig wahrgenommen? FreundInnen, NachbarInnen, schicksalhafte Begegnungen, BerufspartnerInnen – das tatsächliche Beziehungsgeflecht von Frauen ist meist viel reichhaltiger, als wir selbst es wahrnehmen.

Was uns persönlich am allermeisten begeistert hat, war

zu sehen, wie Frauen leben, sobald sie ihre eigene Fantasie und ihre echten Empfindungen voranstellen. Dass dann, paradoxerweise, auch die Männer glücklicher und die Beziehungen haltbarer sind, ist noch ein schöner Bonus.

Get a life!

Theaterstücke und Filme laufen nach Drehbuch. Wenn es ein berühmtes Stück ist, ein Klassiker, dann weiß das Publikum schon im Vorhinein, wie die Geschichte ausgehen wird. Es ist spannend genug, wie die Schauspieler die bekannten Verse umsetzen, ob sie der präzisen Vorlage ihre unvergessliche individuelle Note werden verleihen können. Sogar das Improvisationstheater entsteht nicht aus dem Nichts, sondern eine Situation wird vorgegeben oder ein paar Ausdrücke, die im Lauf des Dialogs fallen müssen. Auch unsere gesamte menschliche Existenz baut auf das Konzept eines Planes – ob er nun aufgeht oder nicht, ist eine andere Frage. Einen Plan jedenfalls, eine Vorlage oder ein Modell gibt es immer.

Manche Pläne sind sehr allgemein gehalten. Andere malt man sich bis ins kleinste Detail aus. »Wahrscheinlich werde ich eines Tages eine Familie haben« – das ist ein sehr grober Plan. »Ich werde in einer schönen alten Kapelle in Bayern heiraten, im Sommer, in einem weißen Spitzenkleid, die Blumenmädchen werden in Tracht auftreten« – das ist ein minutiöser Feinplan.

Vorlagen enthalten Werte, Annahmen – ja, sie sind randvoll damit, sie quellen über davon. Und wenn die meisten Menschen sich darüber einig sind, dass eine bestimmte Vorlage richtig ist, dann werden diese Werte

und Annahmen gar nicht hinterfragt, sogar nicht einmal richtig wahrgenommen.
Die moderne Gesellschaft unterscheidet sich von ihren Vorgängern dadurch, dass es für das Zusammenleben von Mann und Frau eine viel größere Auswahl an Vorlagen, Modellen, an Drehbüchern gibt. Und trotzdem bohrt sich eine davon, meist schon ziemlich früh im Leben, tiefer in unsere Köpfe als die anderen. Und manche Drehbücher sind neu, aber die meisten sind nur umgeschrieben worden. Sie sind Neuinszenierungen alter Klassiker.
Jedes »Beziehungsbuch« ist ein Drehbuch. Es skizziert einen Ablauf und enthält Rollen für Haupt- und Nebendarsteller. Es gibt auch vor, wie man seine Rolle spielen soll. Aufsässig. Milde. Verführerisch. Treu. »Wenn du die Rolle so und so spielst, dann kannst du die Geschichte so erleben, wie sie in diesem Stück beschrieben steht.« Wenn du zu weit davon abweichst, gehst du das Risiko ein, dass sie anders ausgeht als erwünscht. Dieses Versprechen, diese Drohung veranlasst die Leserin, sich in die vorgeschlagene Charakterdarstellung hineinzupressen.
Worüber manche weiblichen Hollywoodstars noch heute klagen – nämlich, dass es für sie immer noch weniger anspruchsvolle, attraktive und lohnende Rollen gibt als für Männer –, galt in vergangenen Zeiten für Frauen allgemein: Ehefrau, Witwe, alte Jungfer, die sich als unverheiratete Tante im Haushalt irgendwelcher Verwandten nützlich machte, damit war die Rollenauswahl meist auch schon beendet. Männer handelten und entschieden, und Frauen folgten in ihrem Schlepptau.
Wenn das das Modell für ein Frauenleben ist, dann ist es

ganz, ganz wichtig, in wessen Schlepptau man sein Leben verbringen wird. Sein Charakter, sein Verhalten, sein sozialer Stand, sein Talent, seine Aussichten, sein Glück oder Pech sind entscheidend auch für einen selber.

Über die längste Strecke der menschlichen Geschichte fing das Drehbuch mit einer simplen Annahme an: Eine Frau braucht einen Mann, um zu überleben. Die Zivilisation verfeinerte den Satz allmählich: Eine Frau braucht einen Mann, um glücklich zu werden.

Und dann platzte das Alternativtheater auf die Bühne. »Eine Frau ohne Mann ist wie ein Fisch ohne Fahrrad«, hieß das Stück. Es hatte nicht wirklich ein Drehbuch oder einen Plot; eher war es ein riesengroßer Tintenklecks, absichtlich auf das alte Drehbuch geschüttet. Einen so großen Tintenklecks, dass das alte Drehbuch nur mehr teilweise lesbar und spielbar ist.

Ein Neues muss her. Alle wissen es, aber so ganz ist es uns noch nicht gelungen, ein richtig gutes Stück zu verfassen, mit allen erwünschten Komponenten: ein bisschen Spannung, viel Humor, dramatische Abläufe und am Schluss, natürlich, ein Happy End.

»Wertlos ohne Mann«, »Unglücklich ohne Mann.« Diese Stücke bekommen heute, zumindest in unserem Erdteil, keinen Applaus mehr.

Das Drehbuch, das wir auf den folgenden Seiten verfassen wollen, heißt »Glücklich trotz Mann.« Diese Wendung bringt den Erfahrungswert der modernen Frau zum Ausdruck: dass es nämlich bereits falsch gedacht ist, die Beziehung als unabhängigen glückspendenden Faktor ins Zentrum des Denkens zu stellen. Es hängt davon ab, in welcher Relation diese Beziehung zum restlichen Leben der Frau steht.

Eine unserer Interviewpartnerinnen, die heute ein ganz besonders ausgewogenes und zufriedenes Leben lebt, führt ihr heutiges Glück auf einen Satz zurück, den ihr Mann ihr im Streit entgegenschleuderte. Heute weiß sie, dass sie zu jenem Zeitpunkt zutiefst unzufrieden mit ihrem Leben war, unausgelastet, zugleich aufgefressen von den vielen kleinen Bedürfnissen ihrer Familie, und das fand seinen Ausdruck in einem unaufhörlichen Nörgeln. Ihr Mann ließ das eine Weile über sich ergehen, gab sich sogar einfühlsam, aber irgendwann platzte seine wahre Meinung aus ihm heraus. »Get a life!«, knallte er ihr irritiert und zugleich wütend entgegen.

Vom ersten Schock erholt, erkannte sie darin einen wahren und nützlichen Rat. Genau. Ihr fehlte ein Leben. Alles, was sie eigentlich als Person ausmachte, was sie war und wollte und erreichen konnte, hatte sie irgendwie von sich abfallen lassen in der irrigen Vorstellung, diese Art von Selbstaufgabe sei notwendig für ihr Glück als Frau und Mutter.

Offen würde sich heute fast niemand mehr zu einer solchen Weltsicht bekennen: dass eine Frau sich anpassen und unterordnen soll, ihrem Mann den Vortritt lassen und ihm den Rücken für seine berufliche Karriere frei halten soll.

In Wirklichkeit sehen viele Ehen noch so aus, und sehr viele Ehen zerbrechen dann daran.

In diesem Buch befassen wir uns damit aber nur am Rande. Interessanter finden wir die Pioniere und Pionierinnen, die neue Formen und Wege finden, ihre Lebenskonzepte und Hoffnungen aufeinander abzustimmen.

Mit ihnen haben wir intensive Gespräche geführt und

können sagen: Die Noras in unserem Buch verlassen ihr Puppenheim nicht. Sie gestalten es aber bis zur Unkenntlichkeit neu. Und alle Bewohner fühlen sich danach viel besser.

Teil 1
Die Balance des Glücks

Kurskorrekturen

Sind Sie schon einmal in einem Auto gefahren, bei dem die Spureinstellung nicht stimmt? Wenn Sie nicht ständig mit dem Lenkrad korrigieren, driftet das Auto nach links oder nach rechts ab. Ein wenig nur – aber spürbar. Es ist falsch eingestellt. In den meisten Fällen ist das nicht sehr dramatisch. Es ist eine mechanisch einfache Sache, die Einstellung zu adjustieren. Und bis dahin genügt es, das Lenkrad im Griff zu behalten und die minimale Korrektur ständig zu gewährleisten.
Die Lebensplanung von Frauen weist häufig ein Problem auf, das mit dem Problem dieses Autos vergleichbar ist. Unsere weibliche »Spureinstellung« stimmt nicht. Wenn wir nicht aufpassen, wenn wir nicht ständig korrigieren, driften wir von unserem Kurs ab – vom Kurs, den wir gewählt haben und den wir wollen, vom Weg, den wir gefunden haben und der für uns richtig ist. Wir driften – ein kleines bisschen nur, ganz minimal. Aber wenn wir nicht korrigieren, kommen wir ziemlich rasch total vom Weg ab.
Und auch noch ein zweites Problem können wir ausmachen, das wir uns im Vergleich mit einer Autofahrt anschaulich machen können. Sie kennen es bestimmt. Sie fahren mit dem Auto, und ihre Gedanken schweifen ab. Plötzlich realisieren Sie, dass Sie geistesabwesend, automatisch eine Richtung eingeschlagen haben, die Sie zwar

sonst ganz oft fahren, die in diesem Moment aber nicht ihr Ziel ist. Wie eine Brieftaube haben Sie reflexartig ihre häufigste Route gewählt, unterbewusst. Sie wollten aber noch nicht nach Hause, sondern vorher ganz dringend noch aufs Postamt! Nun müssen Sie umkehren.

Diese zwei »mechanischen Probleme« sind die häufigste Ursache dafür, dass Frauen mit der Form ihrer Lebensgestaltung unglücklich werden, statt glücklich zu sein.

Oft haben sie den für sich richtigen Weg gefunden. Alles ist im Lot, die unterschiedlichen Bestandteile ihres Lebens schön im Gleichgewicht. Und dann driften sie ab, nicht, weil sie etwas ändern wollen, sondern weil ihre »Justierung« eine Fehlerquelle enthält. Wir werden gleich an einem Beispiel sehen, wie sich das abspielt.

Oder sie schlagen, ebenfalls ohne es zu wollen, einen falschen Weg ein, einfach, weil der so vertraut ist, dass man ihn ganz automatisch wählt, ob man diese Destination gerade wollte oder nicht. Auch das werden wir gleich illustriert vor uns sehen.

Und zwar am besten am Beispiel von Claus und Pat.

Wir lassen es uns von Claus beschreiben, aus einem ganz einfachen Grund. Er hat als Mann zwar auch seine mechanischen Defekte, seine unbedachten Brieftauben-Flugrouten, aber sie sind anders als die der Frauen. Die Fehler der anderen fallen uns meist leichter auf als unsere eigenen: daher borgen wir uns hier das kritische Auge von Claus.

Interessant an Claus ist auch noch Folgendes: Er ist ein moderner Mann, mit aktuellen Wertvorstellungen. Die Männer der letzten Generation ließen Frauen mitunter absichtlich auflaufen, weil es ihnen ins Konzept passte, wenn eine Partnerin in traditionelle Spuren zurückdriftete, ganz sachte und scheinbar von sich aus. Claus aber sieht in einer solchen weiblichen Fehleinstellung keinen Nutzen für sich oder die Beziehung. Er will, dass die Dinge auf dem richtigen Weg bleiben, dass seine Partnerin eine akkurate Fahreinstellung beibehält.

Claus ist 32 Jahre alt. Optisch können wir ihn als postmodern-konservativ einstufen. Chinos, Karohemd, und sein Lodenmantel ist abgewetzt genug, um schon wieder Flair zu haben. Im Gespräch ist er ausgesprochen nett. Mit seiner Partnerin Pat verbindet ihn eine Beziehung, die wir ähnlich beschreiben können wie sein Aussehen. Klassische und konservative Elemente vermischen sich mit neuem Stil, und das Ergebnis hat Charme.

»Wir haben uns an der Universität kennen gelernt, wir haben beide in England studiert. Ich habe Business Administration studiert, Pat hat Literatur und Chemie studiert, eine ganz exzentrische Mischung und ein Ausdruck ihrer Persönlichkeit. Sie ist überhaupt nicht geradlinig, sie ist sehr fantasievoll, sie hat mir von Anfang an gefallen.

Aufgefallen ist sie mir in einem Debattierkurs. Sie war eine der wenigen Frauen, die sich zu Wort gemeldet haben und dann auch sehr unkonventionell und kämpferisch argumentiert hat, sozusagen immer gegen den Strich. Nicht auf unangenehme Art, bloß um zu provozieren oder sich zu produzieren. Sondern weil ihre Gedanken, ihre Sichtweise immer ein bisschen anders waren als der Schnitt.

Pat kommt aus Frankreich, sie hat eine deutsche Mutter, einen französischen Vater, sie ist zweisprachig aufgewachsen. Ich selber bin Österreicher.

Wir haben es während des Studiums sehr lustig gehabt.

Wir waren bald liiert, aber sehr locker. Ich bin meinen Dingen nachgegangen, sie ihren. Wir hatten eine Liebesbeziehung, aber immer auf eine gewisse Distanz. Wir wussten, wir gehören zusammen, aber wir haben nicht zusammen gewohnt. Ich finde, es war ein paradiesischer Zustand.

Nachdem wir das Studium abgeschlossen haben – wir sind beide gleichzeitig fertig geworden, wir sind auch gleich alt –, stellte sich die Frage: ›Wie soll es nun weitergehen?‹ Ich hatte immer vorgehabt, nach Österreich zurückzugehen, so wollte ich es. Also habe ich mich bei einer Firma beworben, wo ich zuerst ein Praktikum und dann eine feste Anstellung bekommen habe.

Pat hat es sehr nach Frankreich zurückgezogen. Auch das wusste sie schon im Studium, dass sie anschließend dorthin möchte. Sie ist dann auch nach Frankreich gegangen. Wir haben unsere Beziehung fortgesetzt und sind gependelt.

Mir hat das recht gut gefallen. Unsere Beziehung blieb dadurch unglaublich dynamisch und lebendig. Und für etwas Innigeres und Intensiveres hätte ich sowieso keine Zeit gehabt in dieser Phase, denn ich musste mich voll in die Arbeit hineinhauen. Am Anfang in einem großen Konzern einen guten Start zu machen, da gehört schon viel dazu. Es wird heute ungeheuer viel verlangt, man soll ja alles mitbringen: technisches Know-how, inhaltliches Wissen, man soll sich in der Gruppe bewähren und teamfähig sein, man soll kreativ sein und Ideen haben. Das alles, und ich war ja erst 25. Also es war wirklich eine ganz schön harte Zeit.

Ich hatte einen guten Coach in meiner Mutter. Meine Mutter ist Ingenieurin und war ihr Leben lang im Business, und sie hat mir sehr gute Ratschläge geben können. Im Geschäftsleben, aber nicht nur dort. Ich glaube, meiner Mutter habe ich es auch zu verdanken, dass ich mit Frauen wirklich gut umgehen kann, dass ich die Sichtweise von Frauen mag und sie aktiv suche, dass ich ein bisschen einen Blick auf die Welt habe, der nicht ausschließlich von Konkurrenz und Druck geprägt ist, sondern auch von anderen Wertvorstellungen. Diese etwas andere Gewichtung kommt mir heute im Firmenleben sehr zugute. Ich nenne nur das Schlagwort: »Soft Skills« – das kriegt man nicht von Männern mit, auch nicht im Studium, das ist etwas, was mir meine Mutter ganz stark beigebracht hat.

Mit mir und Pat, das ist gut gegangen, wir sind hin und her gependelt. Wir haben uns im Schnitt alle drei Wochen gesehen. Sie ist ab und zu nach Wien gekommen, also Paris–Wien. Keine Distanz, und mit den Billigangeboten der Fluglinien war es auch finanziell kein großer Sprung, den man zu überwinden hatte. Sie hat in einem naturwissenschaftlichen Verlag begonnen, das hat ihr unglaublichen Spaß gemacht. Und sie hat journalistisch gearbeitet, es lief wunderbar.

Nach ungefähr eineinhalb Jahren war dann die Situation, dass sie glaubte, schwanger zu sein. Da entstand natürlich irgendwo große Panik. Ich für meinen Teil bin zu Tode erschrocken. Ich möchte Kinder haben, aber ich habe damit nicht so große Eile. Wenn wir beide Mitte 30 sind, reicht es auch noch.

Für Pat war das ein Einschnitt. Über Kinder und Familie hatten wir davor noch nicht gesprochen, und sie hatte auch wohl noch nie so richtig darüber nachgedacht. Jetzt war sie in der Situation, sich ganz unmittelbar da-

mit konfrontiert zu sehen. Eine Familie gründen, ein fixeres Umfeld haben – sie bemerkte, dass diese Gedanken ihr ganz gut gefielen. Natürlich, das war ja völlig klar, habe ich mich sofort bereit erklärt, eine Verbindung einzugehen, also eine Ehe, falls das Baby wirklich kommen sollte. Obwohl mir nicht ganz danach zumute war. Ich habe nicht wirklich gesehen, dass es eine gute Situation für uns wäre, zu dem Zeitpunkt.
Verstehen Sie das bitte nicht falsch. Das klingt für Sie vielleicht so, als ob ich die Beziehung unverbindlicher gesehen hätte und keine Bindung wollte. Nein, so war es nicht. Aber ich finde es entscheidend, die richtige Balance zu finden in einer Beziehung zwischen Nähe und Distanz. Nähe ist ja das, was wir für den Rest unseres Lebens leben werden. Davor einige Jahre zwischen Nähe und Distanz zu pendeln, das halte ich für eine sehr gesunde Sache. Für eine Beziehung, für die Haltbarkeit einer Beziehung, finde ich das sogar sehr entscheidend.
Ich habe mir das wirklich gut überlegt, denn ich möchte nicht in eine Beziehung besinnungslos hineinstolpern. Dafür ist es zu wichtig. Das wird auch den Männern immer vorgeworfen, dass sie nicht nachdenken über Beziehungen. Ich dagegen habe sehr ausführlich über unsere Beziehung nachgedacht und darüber, wie wir zusammenpassen und wie unsere jeweiligen Wege und Ziele zusammenpassen.
Was ich gerne möchte, ist, dass wir beide mit absolut gleichen Voraussetzungen in eine Familie hineingehen. Dass wir beide an einem beruflichen Punkt sind, wo wir uns freigestrampelt haben, wo wir nicht mehr ganz so abhängig sind von langen Arbeitstagen, wo wir uns Frei-

räume nehmen können. Und auch die so genannte Familienzeit hineinplanen können. Wo wir für die Kinder auch tatsächlich Eltern sein können. Aber das erfordert jetzt einen größeren Einsatz. Also ich bin bereit, rund um die Uhr zu arbeiten, so quasi a conto zu arbeiten, auf Vorrat zu arbeiten, um dann auf der Basis dessen, was ich mir aufgebaut habe, ein Familienleben zu organisieren.

Wir hatten das besprochen, zumindest in Hinblick auf Karriere und Zusammensein, wenn auch noch nicht in Hinblick auf Kinder. Pat sah es ähnlich. Sie liebte ja ihren Beruf, sie liebte ihren Verlag. In Wien gab es nichts Vergleichbares. Und ihre Idee war, so viel Erfahrung wie nur möglich zu sammeln, sich einen gewissen Ruf aufzubauen, und dann mit dieser eindrucksvollen Vita nach Wien zu kommen, um etwas Vergleichbares aufzubauen.

Übrigens, das Kind war ein Fehlalarm, es hatte sich nur um eine Verzögerung ihrer Regel gehandelt. Aber die Auswirkung dieser Krise war enorm. Das Resultat war die erste große Komplikation in unserem Leben, weil wir irgendwie aus dem Lot geraten sind. Zurück zu unserem alten Zustand ist es nicht mehr so ganz gegangen. Es stand nun die Idee einer größeren Verbindlichkeit im Raum. Wir beschlossen, einen Termin zu setzen, einen Termin, und bis dahin sollte es entweder eine Familiengründung oder zumindest eine Eheschließung geben.

Diese Episode hat einen Gegensatz in unserer Sichtweise ans Tageslicht gebracht. Dass Frauen ein größeres Interesse haben an dokumentierter Nähe. Und da, finde ich, fängt irgendwo der Druck an – aus männlicher Sicht gesprochen. Ich fand unsere Beziehung bis dahin immer ganz selbstverständlich. Eine Veränderung in Richtung Ehe hätte ich erst gebraucht, als es wirklich um Kinder ging.

Aber nun stellt sich heraus, dass dieser Wunsch nach Exklusivität, oder einfach nach einer greifbaren dokumentierbaren Bindung, sehr ausgeprägt ist bei Pat. Ich finde es z. B. immer sehr schön, wenn wir abends mit Freunden ausgehen, wenn wir ein geselliges Leben haben. Anschließend sind wir sowieso noch miteinander alleine, verbringen ein, zwei Tage gemeinsam und haben es wunderschön. Aber sie erlebt das nunmehr als Affront, fast als eine Zurückweisung oder einfach als mangelnden Liebesbeweis, wenn ich etwas anderes auch noch vereinbare für Phasen, wo wir uns sehen.

Wenn ich z. B. nach Paris fliege, dann ist es in der Regel so, dass sie sich voll auf mich konzentriert. Also, typisches Szenario: Ich komme an, sie holt mich selbstverständlich vom Flughafen ab. Was ich bereits unnötig finde, weil es ein unglaublicher Aufwand ist, sich mit öffentlichen Verkehrsmitteln zum Flughafen durchzuarbeiten, und ich finde, sie könnte in der Zeit etwas Sinnvolleres machen. Mich würde das überhaupt nicht belasten. Ich fahre genauso gerne alleine in die Stadt und zu ihrer Wohnung, dann treffen wir uns eben dort. Aber nein, sie holt mich ab. Jetzt bin ich natürlich unter Druck, sie ebenfalls abzuholen, wenn sie nach Wien kommt, und was bringt das genau? Das anzurühren ist aber ein heikles Thema, denn es fällt in die Kategorie ›Liebesbeweis‹. Und das finde ich auch sehr typisch für sehr viele Frauen, dass viele Dinge etwas Symbolisches haben, eine Bedeutung jenseits der Bedeutung.

Aber weiter. Sie holt mich also ab, wir kommen in der Wohnung an, sie hat alles auf Hochglanz gebracht. Es ist eine kleine, winzige Wohnung. Es gibt Kerzen, es gibt Blumen, es gibt ein herrliches Abendessen. Ja, und dann natürlich haben wir unseren wunderschönen intimen Abend. Aber ich muss ehrlich sagen, sosehr ich mich auf sie freue, ich würde als Erstes gerne hinausstürmen und ein bisschen durch Paris flanieren und das Gefühl genießen, ich bin jetzt ganz woanders, ich bin in Frankreich. Aber das erlebt sie als etwas Rivalisierendes. Ich sollte ja ausschließlich wegen ihr kommen und mich nicht für einen Stadtbummel interessieren. Dieser Widerspruch ist in meinen Augen absolut künstlich. Natürlich komme ich wegen ihr. Ich würde niemals fünfmal oder zehnmal im Jahr nach Paris fliegen, wenn sie nicht wäre. Das müsste ihr aber eigentlich auch klar sein. Und warum folgt daraus, dass ich mich nicht trotzdem darüber freuen kann, in Paris zu sein?

Was ich aber ganz toll finde, ist, wie super sie ihren Bereich aufbaut. Also, sie hat eine ganz neue Abteilung geschaffen, so in Richtung ›Chemie, philosophisch betrachtet‹. Sie versucht, Chemie den unterschiedlichsten Gruppen zugänglich zu machen, die sich normalerweise nicht dafür interessieren würden. Also, sie ist wirklich das, was sie von Beginn an für mich war, was ich an ihr so geliebt habe, unglaublich innovativ.

Pat zerfällt für mich in zwei Persönlichkeiten: Die eine Person ist diese fast futuristische, naturwissenschaftlich engagierte, leidenschaftliche Forscherin und Dokumentaristin. Die zweite Person, die in ihr steckt, ist, wenn ich es ganz drastisch sage, das konventionelle Weibchen,

das Kuscheltier. Und wenn ich das ganz extrem noch formulieren möchte, wo ich auch Angst kriege und eine Gefahr sehe: das potentielle Anhängsel.
Ich möchte eigentlich, dass die erste Hälfte von Pat expandiert. Das ist die Person, mit der ich leben will und in die ich mich verliebt habe, und in meinen Augen ist das auch ihr wahres Ich. So soll sie bleiben. Ich würde dafür auch in Kauf nehmen, ausschließlich Fast Food zu essen, zu kampieren, das ist mir alles egal. Ich brauche kein braves feines Kuschelheim. Ich finde das viel witziger und viel aufregender.
Das alles hängt vielleicht auch damit zusammen, dass ich selber zu Hause nie dieses klassische Nest kennen gelernt habe. Meine Mutter hat dreimal geheiratet, wie gesagt, sie ist Ingenieurin, sie war zu einem Zeitpunkt Naturwissenschaftlerin, wo dies für Frauen eher ungewöhnlich war. Sie hat sich durchgekämpft. Wenn meine Mutter heute eine junge Frau wäre, sie käme dreimal so weit.
Da finde ich es fast nachlässig von Pat, nicht mit vollem Einsatz das Potential und die Möglichkeiten, die sie heute hat, zu nutzen. Ich muss ganz ehrlich sagen, dass meine Mutter, mit der ich eine sehr enge Beziehung habe, eine gewisse Skepsis Pat gegenüber hat. Ich weiß nicht, inwiefern auch mütterliche Eifersucht dabei im Spiel ist, aber ich glaube schon, dass sie einen sehr objektiven Blick hat.
Meine Mutter befürchtet, dass Pat mir ein bisschen die Flügel beschneidet. Ein Ausdruck, der im Übrigen für sie typisch ist. Ich werde nie vergessen, als ich noch klein war, da hat meine Mutter immer zu mir gesagt: ›Komm, kleiner Raubvogel, flieg, flieg!‹ Wenn ich z. B. auf Schul-

ausflüge gegangen bin oder im Sommer in Camps oder später irgendwelche Abenteuergeschichten mit Freunden unternommen habe. Sie hat mich nie zurückgehalten. Sie hat immer darauf geschaut, dass ich meine Freiheit auskoste, und das hat mich geprägt.

Möglich ist es natürlich, dass ich in Pat jetzt auch das suche, was ich in meiner Mutter nicht unbedingt gehabt habe: ein warmes Essen und Kerzenschein. Zumindest unbewusst mag es durchaus möglich sein, dass ich eine Sehnsucht danach habe und ihr das ungewollt vermittle. Aber ehrlich gesagt, ich glaube nicht, dass das der Fall ist. Fürsorglichkeit hat es bei uns zu Hause in Wirklichkeit nie gegeben. Ich war immer schon Selbstversorger. Ich glaube, ab dem Alter von zehn war ich mit der Futtersuche selbst betraut. Ich habe eingekauft, höchstens am Wochenende haben wir gemeinsam eingekauft und dann etwas gemacht, aber auch das nur sehr provisorisch. Meine Mutter war nie eine Köchin und es wird nie eine aus ihr werden. Ich habe es aber nie bewusst vermisst und ich wurde immerhin mit allem ausgestattet, was man braucht, um 1,85 m zu werden. Ich habe also keine Versorgungsansprüche an meine zukünftige Frau.

Ich glaube, dass Pat in einem großen Zwiespalt mit sich selber lebt. Und dann gibt es natürlich auch einen gewissen Druck in der Umgebung. Mit 30 heirateten alle ihre Freundinnen, und nun krähen überall die Babys. Und natürlich, wenn sie eingeladen ist zu den Polterabenden und den Babyshows, wo es Geschenke gibt für die Neuankömmlinge, das ist alles sehr sentimental und sicher auch sehr schön und sehr cosy. Wir haben auch darüber geredet, wie es ausschauen soll, wenn wir Kinder be-

kommen. Ich möchte gerne zwei Kinder haben und ihnen ein richtiger Vater sein.
Einen Vater habe ich immer in meinem Leben vermisst, und das möchte ich für meine Kinder unbedingt sein. Ich glaube, das kann ich umso eher sein, wenn nicht alles von der Mutter erledigt wird, wenn nicht alles Pat in die Hände nimmt. Ich denke, da werden wir – kombiniert mit öffentlicher Versorgung – eine Lösung finden. Ich arbeite jetzt sehr darauf hin, in eine französische Firma zu kommen, weil ich denke, dass Pat in Frankreich weiterarbeiten soll. Sie macht das dort sehr gut. Ich glaube nicht, dass sie ein Äquivalent für ihre Tätigkeit in Wien finden wird, und für mich ist das kein Opfer, denn ich selber habe große Lust auf Auslandserfahrung. Ich erwarte überhaupt keine Schwierigkeiten dabei, mich in Paris einzuarbeiten. Ich bin in eine französische Schule gegangen, also ich kann mich perfekt verständigen, und ich glaube, auch in Hinblick auf Kinder wird es für uns in Frankreich sehr viel leichter sein als hier. Ab dem Alter von zwei ist es dort überhaupt kein Problem, die Kinder wirklich sehr gut versorgt zu haben. Ich glaube, da haben wir insgesamt eine bessere Chance als irgendwo sonst, all unsere Dinge unter einen Hut zu kriegen.
Eine große Herausforderung für uns ist dagegen die Bewältigung der gegenseitigen Erwartungen. Es hat sich herausgestellt, dass Pat sich von mir mehr Romantik, mehr Zärtlichkeit wünscht. Mit der Romantik tue ich mich schwer. Zärtlichkeit ist an sich kein Punkt, schließlich habe ich selber das Bedürfnis dazu, nur ist das bei mir nicht auf Knopfdruck möglich. Sie hingegen ist in der Lage, sofort auf diesen Zug aufzuspringen. Ab dem Moment, wo einer von uns aus dem Flugzeug

steigt, müsste es für Pat schon losgehen. Aber ich brauche Zeit. Natürlich, ich begreife schon, dass es nicht immer nach mir gehen kann, aber doch hin und wieder. Ich sollte auch die Chance haben, mein Tempo vorzugeben. Und ich brauche da eine gewisse Anlaufzeit, eine gewisse Akklimatisierung. Bei mir entsteht das immer erst, dieses Bedürfnis.

Wenn ich dann aber so weit bin, liegt schon ein Vorwurf in der Luft, und das ist der größte Beziehungskiller. Wenn ich einen einzigen Wunsch an Pat haben könnte, dann den, dass sie einmal einen vollen Tag lang jeden Vorwurf unterdrückt. Ich glaube nämlich, es würde dann alles sehr viel besser laufen. Ob wir nicht darüber reden? Nicht wirklich, denn wenn ich dieses Thema aufbringe, dann ist sie ziemlich schnell eingeschnappt, und das ist dann das Ende unseres gemeinsamen Tages. Nein, das ist der wirklich programmierte Beziehungsabsturz. Aber ich wünschte, dass es Möglichkeiten gäbe, ihr das plausibel zu machen. Sie ist ja sonst unglaublich offen und aufgeschlossen, aber sie hat sehr präzise Beziehungsvorstellungen, wie alles abzulaufen hat.

Sie selbst kommt aus einer klassischen Patchworkfamilie. Ihre Mutter ist zweimal geschieden, ihr Vater einmal, eigentlich ist sie zwischen drei Elternhäusern gependelt. Von daher verstehe ich vollkommen ihre Sehnsucht nach Zugehörigkeit. Sie will irgendwo ihre Wurzeln schlagen, sie will Geborgenheit, und ich will das ja auch. Ich will, dass wir eine richtige Familie sind, aber etwas später. Also, mein Zeithorizont wäre so zwei bis drei Jahre.

Darüber sprechen wir, doch. Vom Verstand her sagt sie natürlich ja, gleichzeitig wehrt sie sich und sagt, das ist alles so gezirkelt, das ist so kühl überlegt. Sie würde sich, glaube ich, wünschen, dass ich sie auf einem weißen Pferd entführe oder so ähnlich. Ich habe einmal im Streit genau dieses Beispiel gebracht. Sie war so empört, dass sie drei Tage nicht mehr mit mir gesprochen hat, auch am Telefon nicht. Sie hat meine Telefonate nicht angenommen, weil sie wütend war und gemeint hat, dass ich ihr irgendwelche ›Barbiefantasien‹ unterstelle. Sie hat Recht, sie ist ganz bestimmt keine Barbie. Aber ich glaube trotzdem, dass sie in diesen Fantasien ein bisschen schwelgt, und dafür möchte ich mich auf keinen Fall instrumentalisieren lassen.

Ich glaube, dass Männer und Frauen sich heute nicht mehr allzu sehr unterscheiden, dass wir an der Schwelle einer ganz neuen Beziehungswelt stehen, dass wir im Grunde alle alles können, für alles zuständig sein können: im Beruf, in der Beziehung, in der Kindererziehung. Das ist schon eine recht einmalige Situation, natürlich auch eine Herausforderung, und ich möchte auf keinen Fall wieder in alte Rollen hineinfallen.

Was mich an Pat hält und was ich so aufregend finde, ist, dass sie eine ganz unkonventionelle Person ist, dass sie in einer Art und Weise mit ihrer Arbeit verwachsen ist, die ich selten an Frauen sehe. Dass sie eine ganz unkonventionelle Denkerin ist, vom Intellekt her. Sie ist außerdem total attraktiv, sie zieht sich sehr aufregend an, mir gefällt es unglaublich gut. Sie ist sexy, sie ist witzig, sie ist alles. Ja, sie ist selbstverständlich auch Feministin. Sie ist sehr offen, aber sie hat halt diese zweite Schiene, auf der sie auch gerne fahren möchte, und das ist etwas, was mich beunruhigt. Weil ich glaube, wir müssen versuchen so zu leben, dass wir nicht in den alten Klischees landen. Wenn ich mit ihr darüber spreche, endet es so, dass sie sagt, ich sei beeinflusst von meiner Mutter, die mich noch länger für sich haben möchte. Sie sieht meine Mutter, glaube ich, irgendwo als Konkurrenz, weil sie schon ein paar Mal gesagt hat, so wie meine Mutter möchte sie nicht leben. Sie erlebt das als ziemlich karg, dieses Leben, das meine Mutter führt. Aber meine Mutter ist ein ganz anderer Typ, sie ist ein sehr burschikoser Typ, sie ist ein echter Kumpeltyp.

Pat ist da ganz anders, und ich suche ja auch diese Komponente, dieses Erotisierende, dieses Aufregende, das Pat hat. Also glaube ich nicht, dass ihre Interpretation berechtigt ist, aber das ist auch ein typischer Vorwurf, der das Potential hat, ein Wochenende, auf das wir uns gefreut haben, restlos zu ruinieren.

Es scheint jetzt doch so zu sein, dass ich im nächsten Jahr in die neue Firma in Paris einsteige. Die würden mir ein Zimmer zur Verfügung stellen, oder wir suchen uns gemeinsam eine etwas größere Wohnung, auch nicht gerade ein leichtes Unterfangen, die Preise in Paris sind höllisch, wenn man überhaupt etwas findet.

Wenn es nach mir ginge, klar, ich würde eventuell daran denken, gerade für den Jobeinstieg, dieses Zimmer anzunehmen. Aber da muss ich jetzt selbst kompromissbereit sein. Wenn ich jetzt nach Paris komme, wird Pat schon erwarten, dass wir einen gemeinsamen Alltag beginnen, und da werde ich mich nicht dagegenstellen. Ich glaube, das Wichtige wird sein, dass wir uns gemeinsam hinsetzen und durchsprechen, wie unser Leben ausschauen soll. Ich will absolut keinen Haushaltsklimbim. Ich glaube, wir sollen eher auf ›Take-out-Basis‹ leben, so viel wie möglich auslagern, Putzerei, Wäsche usw., damit wir möglichst konfliktfrei leben und auf keinen Fall

in eine Häuslichkeit verfallen, die jetzt eigentlich noch gar nicht notwendig ist.
Die große Herausforderung in einer Beziehung sehe ich darin, eigenes Terrain zu behalten, Nähe so zu definieren, dass sie mit Qualität zu tun hat und nicht reine Gewohnheit, reine Pflichtübung ist. Wichtig ist mir, dass jeder von uns noch Platz für seine eigenen Aktivitäten hat. Ich bin dann zu allem bereit, ich bin zu jeder Unterstützung bereit, und ich freue mich auf unser gemeinsames Leben, aber leichter wäre das alles, wenn Pat ein bisschen die Dinge sachlicher sehen könnte und nicht alles so stark emotionalisieren würde. Das halte ich für sehr entscheidend, weil eine Beziehung nur dann funktionieren kann, wenn sie auch diskutierbar ist, wenn man die einzelnen Bestandteile ganz sachlich betrachten kann, ob man sie überhaupt will und braucht oder nicht.
Sie ist ja Naturwissenschaftlerin, also glaube ich auch, dass sie durchaus die Kapazität hat, das zu tun, und das ist ja genau die Seite, die mir immer so gut an ihr gefallen hat.
Mir fällt dazu ein Beispiel ein: Letztes Jahr wurden wir von gemeinsamen Freunden eingeladen zum Zuckerbäckerball. Wir haben zuerst gar nicht gewusst, was wir mit dieser Einladung anfangen sollen. Ich bin kein guter Tänzer, Pat hatte kein Ballkleid. Aber dann haben wir doch beschlossen, uns einen Schubs zu geben und mitzugehen, aus Jux. Pat hat sich eine aufregende Robe ausgeborgt, und es war wirklich witzig, sie in diesem ganzen Chiffonwahnsinn verkleidet zu sehen. Ich habe mir einen Smoking geliehen, und dann sind wir losgezogen. Es war eine unglaubliche Szenerie, ein riesiger ge-

schmückter Ballsaal. Es war eine wirklich sehr romantische Atmosphäre. Das Parkett war so voll, dass wir uns auch getraut haben zu tanzen, man konnte ohnehin nicht umfallen. Es hat uns wahnsinnig gut gefallen, und es war ein unglaublich romantischer, schöner, verliebter Abend. Das habe ich so genossen, habe ich so schön gefunden, und das sehe ich auch als Beweis, dass ich fähig bin für Romantik. Das sind kleine Ausflüge, die unvergesslich sind.
Und Pat hat dann gesagt: ›Könntest du nicht einfach immer so sein ...‹ Diese Bemerkung hat mich schlagartig ernüchtert. Der Ball war doch eine Ausnahmesituation: überall Zuckertorten, überall Aufguss, überall Kitsch und Klischee. Das war lustig, ja, das war schön, es hat mir wirklich großen Spaß gemacht, ich habe mich hineinfallen lassen, aber was hat das mit meinem Leben zu tun? Ihre Bemerkung hat mich verwirrt, denn die Antwort darauf für mich ist: Nein, eigentlich nicht.
Wir sind dann in gar nicht so guter Stimmung nach Hause gegangen, weil sie gespürt hat, wie ich zugemacht habe. Sie erlebt das dann immer als persönliche Ablehnung. Ich glaube, dass wir da noch eine Menge in den Griff kriegen müssen. Wie genau? Mein Gefühl ist, dass das alles nicht wirklich diskutierbar ist, nicht ohne Kränkungen und Missverständnisse. Der einzige Weg wird sein, ein gemeinsames Leben aufzubauen, das genug Qualität hat, dass man dann so was nicht braucht, wo sich diese Sehnsüchte erübrigen. Der Ball war für mich ein sehr bezeichnendes Beispiel, wie unrealistisch manche Sehnsüchte oder Vorstellungen eigentlich sind, die Pat hat. Aber insgesamt bin ich ganz zuversichtlich, dass es gut gehen wird mit uns.«

Fangen wir gleich mal mit einer Klarstellung an: Claus ist nicht die neutrale Stimme der reinen Vernunft. Wenn Pat eine etwas schräge Spureinstellung aufweist, dann gilt dasselbe in umgekehrter Richtung auch für ihn. Jeweils zieht es sie in die Richtung, die ihre Geschlechtszugehörigkeit traditionell bevorzugt hat – ihn zur Distanz und Abgegrenztheit, sie zur Nähe und Verschmelzung. Recht geben wir ihm allerdings, wenn er immer wieder bemerkt, dass man das regelmäßig und ganz grundsätzlich reflektieren muss, um sich selber dabei ertappen und den Rechts- oder Linksdrall korrigieren zu können.
Recht hat er auch, wir müssen es widerstrebend eingestehen, wenn er beobachtet, dass Pat – hier stellvertretend für sehr viele Frauen – ihre außerordentlich chancenreiche, glückliche Situation nicht richtig zu schätzen und zu würdigen weiß, sondern sich in Klischees verfängt, um sich damit fast mutwillig selber unglücklich zu machen. Ja, das kennen wir...
Dazu gehört die selbst ernannte Funktion der Liebes- oder Gefühlspolizei. Frauen, die dieses Amt übernehmen, geben ihr persönliches Urteilsvermögen auf, um sich stattdessen blindwütig um den vermeintlichen Symbolgehalt von Handlungen zu sorgen. Schnell ergibt sich daraus die Rolle der Vorwurfsvollen. Das ist für keinen der Beteiligten ein angenehmes Spiel – die Frau ständig auf der Lauer nach Brüskierungen, nach Gedankenlosigkeiten, die auf Lieblosigkeit schließen lassen. Der Mann, ständig damit befasst abzustreiten, dass er es so gemeint hat, dass sein Handeln oder sein Nicht-Handeln wirklich diese tiefere Bedeutung haben. Das ist weder förderlich für die Romantik, noch ist es schmeichelhaft für die

Frau, Liebe und Zuwendung immer vorwurfsvoll einklagen zu müssen – insgesamt eine schlechte Dynamik, von der wir uns unbedingt verabschieden sollten.
Die Methode, die Claus dafür vorschlägt, ist gar nicht schlecht: nämlich punktuell zu entscheiden, ob eine gewisse Handlung einem überhaupt etwas bedeutet oder nicht. Statt von globalen Richtlinien auszugehen.
Pat könnte dann überlegen, ob sie wirklich und objektiv gern durch Paris und Umgebung fährt und danach am Flughafen eventuelle Ankunftsverzögerungen absitzt, um dann in wenig geselliger Atmosphäre mit Claus wieder zurück in die Stadt zu fahren. Oder ob es nicht sinnvoller ist, sein Eintreffen gemütlich in ihrer Wohnung abzuwarten. Vielleicht ist es ihr sehr wichtig, zum Flughafen gebracht zu werden, weil Fliegen sie nervös macht und Begleitung sie ablenkt. Menschen sind verschieden, und ein Liebesbeweis kann allein deshalb schon nicht global sein, weil er sich an eine spezifische Person richtet.
Claus deutet es an, und wir können es nicht leugnen: Pats Romantikbegriff hat eine tyrannische Komponente, die auch etwas seltsam Autistisches an sich hat. Normalerweise sollte Romantik etwas Interaktives sein, etwas Unerzwungenes, das zwischen zwei Menschen entsteht. Pat aber scheint von imaginären Szenarien geleitet, die sonst – hier überzeugt uns seine Beobachtung – gar nicht zu ihr passen. Was treibt eine unkonventionelle Person dazu, auf das Klischee von Kerzenlicht und Zweisamkeit zu bestehen?
Claus hat, wir haben es bereits gesagt, seine eigenen Allüren. Nach Paris ziehen wegen der Partnerin und sich dort in einem eigenen Zimmer zu verschanzen, das ist

auch nicht origineller – es ist eine Geste der aggressiven Abwendung. Die geschlechtsspezifische Klischeekiste ist tief, und wir tragen sie alle mit uns herum. An Claus und Pat können wir beobachten, wie die zwei Deformierungen ineinander greifen und sich gegenseitig verstärken – der Rückzug von Claus treibt Pat dazu, Nähe zu verlangen. Pats Rückfälle in romantische Klischees treiben Claus dazu, ins Klischee der männlichen Unnahbarkeit zu flüchten.

Immer nur Zuckerguss und Chiffon – das Beispiel, das Claus am Schluss noch einbringt, gefällt uns. Es gefällt uns, weil wir jede Wette eingehen, dass auch Pat vor einem solchen rosaroten Alltag grauen würde. Was hat ihr diese Bemerkung entlockt? Wir können sie verstehen. Für Claus ist »Fantasie« ein Schimpfwort. Mehrere Male benützt er es im abfälligen Kontext. Er scheint Angst davor zu haben. Von der Fantasie zur Umsetzung scheint in seinen Augen ein nur ganz kurzer Weg zu liegen. Pat fand am Zuckerbäckerball vermutlich betörend, dass Claus dort endlich einmal dem Charme der Fantasie erlag.

Was uns am meisten an dieser Beziehung interessiert, ist die Art und Weise, in der zwei unkonventionelle Menschen sich trotzdem in einer entscheidenden Frage in konventionelle Rollen pressen lassen, sichtlich gegen ihren Willen. Pat wird zur Hüterin und Wärterin des Emotionalen, der Romantik. Und Claus wird zur Bremse.

Wir alle können im eigenen Zusammenleben Illustrationen für dieses ritualisierte Spiel finden. Zur Anregung hier zwei Beispiele.

Silke, eine 27-jährige Lektorin, erzählt:

»Mein Mann und ich sind Mitglieder im selben Fitness-

club. Das war sinnvoll, weil es für Paare und Familien einen wesentlich günstigeren Preis gibt als für Einzelpersonen. Daraus ergab sich, dass wir meinten, immer auch gemeinsam hingehen zu müssen. Getrennt hinzugehen, schien unhöflich. Aber nüchtern betrachtet war es ein Schwachsinn. Er hat ein ausführliches Programm. Er läuft zuerst 45 Minuten lang, dann macht er Gewichtstraining, und am Schluss geht er in die Sauna. Die ganze Prozedur dauert zwei Stunden. Ich bin in maximal einer Stunde fertig. Ich mache das gemeinsame Training und dann noch ein paar Maschinen gezielt für bestimmte Muskeln. Ich sage dann, lass dir Zeit, aber in Wirklichkeit hänge ich gelangweilt herum, und er sagte, er hätte ohnehin keine Lust auf Sauna, aber in Wirklichkeit kürzt er aus Höflichkeit sein Programm ab. Und was haben wir davon? Es ist ja nicht so, als würden wir die Zeit dort gemeinsam verbringen und es irgendwie ›zusammen‹ machen.«
Bernd, ein 33-jähriger Geschäftsmann, weiß ein anderes Beispiel:
»Meine Frau und ich müssen beide relativ oft auf Geschäftsreise. Und wir sind beide so veranlagt, dass diese Reisen uns nervös machen. Aber bei mir ist es so, dass Stress mich voll absorbiert. Ich gehe dann meinen Gedanken nach und bin am liebsten allein. Renate ist anders, wenn sie nervös ist, redet sie gern. Wenn sie allein ist, wird sie doppelt nervös. Sie braucht jemanden, der sie ablenkt und der ihr zuhört. Zu Beginn unserer Ehe haben wir uns immer gegenseitig zum Flughafen gebracht, wenn wir verreisen mussten. Es war eine Katastrophe. Jedes Mal, wenn ich abflog, war sie schwer beleidigt. Ich war brummig – weil im Geist schon ganz auf

die Reise eingestellt und auf die Probleme, die mich am Ankunftsort erwarteten. Sie schloss daraus, dass ich böse auf sie war, ihre Zuwendung nicht zu schätzen wusste, sie für selbstverständlich nahm und sie nicht liebte. Irgendwann haben wir beschlossen, allein und im Taxi zum Flughafen zu fahren. Umgekehrte Katastrophe. Nun fühlte sie sich einsam, abgeschoben, ungeliebt. Kaum zu glauben, wie schwer wir uns damit taten, die logische und nahe liegende Lösung zu finden: Ich bring sie hin, wenn sie abreist, aber wenn ich abreise, nehme ich das Taxi. Wir mussten die Hürde überwinden, da irgendetwas anderes hineinzulesen als pure Logik. Menschen sind eben verschieden. Ich bring sie gern hin, es macht mir gar nichts aus, ich find sie sogar ganz süß, wenn sie hektisch vor sich hin plaudert und überdreht ist wie ein kleines Mädchen, obwohl sie in der halben Welt zu Hause ist. Und sie ihrerseits hat es immer gehasst, mich zum Flughafen zu bringen und dann allein heimzufahren und zu grübeln, und ist erleichtert, wenn ich mich stattdessen in ein Taxi setze.«

Wir sehen: Für Frauen ist bei der Bewertung solcher Situationen wichtig, Logik und Martyrium nicht miteinander zu verwechseln. Logik besteht darin, gelassen und gefasst und ohne Bezugnahme auf die Beziehung zu überlegen, was einem wirklich wichtig ist, was man mag und will und braucht, und was man gern oder nicht gern macht. Und dann abzuwägen. Wenn der oder die andere wirklich Wert darauf legt, irgendetwas gemeinsam zu tun, was man selber nicht gern tut, dann kann es tatsächlich ein Liebesbeweis sein, um seinet- oder ihretwillen mitzumachen. Schwachsinn ist es hingegen, das aus rituellen Gründen zu verlangen oder aus purer Freude an der Selbstverleugnung. Mit anderen Worten, der feine Unterschied zwischen Liebe, Klischee und Masochismus muss gewahrt bleiben – im Idealfall sind das nämlich drei völlig verschiedene Bereiche, die sich gar nicht überlagern sollten.

Ja, und noch eine andere Gratwanderung muss beachtet werden. Kein Mensch mag gern bevormundet werden. Aber trotzdem ist uns manchmal mit einem Fußtritt oder einer Kritik mehr geholfen als mit höflicher Anerkennung unserer Fehler und Defizite. Pat kann durchaus davon profitieren – und folgenschwere, echt verhängnisvolle Fehlentscheidungen vermeiden –, wenn sie die Perspektive von Claus, und auch die Perspektive seiner Mutter, berücksichtigt. Der Beifahrer, der uns darauf hinweist, dass wir doch eigentlich soeben hätten links abbiegen müssen, um zum Postamt zu kommen, spart uns Zeit und einen noch größeren Umweg. Der Werkstatt, die unsere Spureinstellung justiert, sind wir schließlich auch nicht böse. Kränkend fühlt es sich an, für Standpunkte kritisiert zu werden, die man gar nicht mehr wirklich einnimmt, sondern nur noch aus Gewohnheit vertritt, weil man meint, das tun zu müssen. Viele Frauen empfinden genau dies. Wenn sie nicht als Liebes- und Gefühlspolizei auftreten, fürchten sie, dass das Ganze zerfällt und der kalte Wind der männlichen Sachlichkeit jegliche Beziehung hinwegfegen wird. Oder nein, nicht einmal das. Es hat eher sogar etwas Zwanghaftes. Der lange Arm der weiblichen Geschlechterrolle ist es. Ihm sind auch viele andere lästige Reflexe zuzuordnen, die in Putz-, Verzierungs- und Betütelungsaktionen münden, die im Grunde keiner will. Darauf spielt Claus an, wenn er die »Take-out-Basis« als Leitlinie für den gemeinsamen Haushalt vorschlägt, um das drohende Hineinfallen in Rollenzuweisungen, die nicht mehr passen, zu verhindern. Ein ganz romantischer Gedanke eigentlich, finden wir.

Ein Zimmer für sich

Beziehungen zwischen Männern und Frauen können gesamtgesellschaftlich als auch im individuellen Fall entweder hierarchisch oder gleichgewichtig organisiert sein. Oder sie können umstritten und konfliktreich sein, weil man sich weder auf das eine noch auf das andere einigen kann.

Historisch gesehen war die Beziehung zwischen Männern und Frauen meist, aber keineswegs immer, hierarchisch. Es gab lange und interessante Episoden des Gleichgewichts – eine solche Episode werden wir uns gleich noch etwas näher ansehen.

Heute befindet sich die Geschlechterbeziehung in einem Schwebezustand. Hierarchie funktioniert nicht mehr so recht, passt nicht mehr zum Zeitgeist und wird eigentlich von niemandem mehr so richtig gewollt. Aber Gleichgewicht ist auch noch keines entstanden. In der Mitte des letzten Jahrhunderts galten die Männer als verantwortlich dafür, dass Frauen es einfach nicht nach oben schafften. Dann hörten sie weitgehend damit auf, die Frauen zu unterdrücken, und wir müssen uns heute um eine andere Erklärung bemühen, woran es hapert.

Diese Erklärung ist schnell gefunden. Es fehlen zwei Dinge. Erstens fehlt eine Begrifflichkeit. Die Menschen haben kein Bild im Kopf dafür, wie ein Gleichgewicht aussehen könnte. Und zweitens zögern die Frauen, den entscheidenden letzten Schritt zu tun. Sie stellen sich lieber auf die niedrigere Stufe und klagen dort dann lautstark darüber, wie unfair alles ist, als die Konsequenz zu ziehen und die letzten noch nötigen Schritte zu tun.

Bilder für ein hierarchisches heterosexuelles Glück haben wir im Überfluss.

Da steht er, um etliche Zentimeter größer, um einige Jahre älter, weiser und klüger, um zahlreiche Euros reicher, und legt den Arm schützend um SIE. Und ihr Leben wird besser, schöner, sicherer, bequemer, weil sie IHN hat. Und er führt. Wo man als Paar tanzt, führt er. Wenn man gemeinsam im Auto sitzt, ist er hinter dem Lenkrad. Wenn jemand beruflich zurücktreten muss, um die neuen Familienpflichten zu erfüllen, dann ist es sie.

Kulturgeschichtlich gab es auch schon andere Bilder. Zwei davon wollen wir hier kurz ansprechen.

Das erste kommt aus dem alten Ägypten. Die Kosmologie dieser Zivilisation war auf dem Bild des Gleichgewichts aufgebaut, bei der Religion angefangen bis hinunter in das letzte Alltagsdetail. Dort gab es keine heilige Dreifaltigkeit, in der Weiblichkeit nicht einmal am Rande vorkam. Sondern es gab Männlich und Weiblich, Himmel und Erde, als die zwei unverzichtbaren, getrennten, aber aufeinander gestützten Prinzipien der Existenz. Wer das Glück hat, das Historische Museum in Kairo zu besuchen, ist überwältigt von der Gleichgewichtigkeit, mit der Frauen in der Kunst und Geschichtsdarstellung dieser Kultur präsent sind. Die Darstellung von Macht ist zu einem auffallenden Ausmaß geschlechtsmäßig ausgewogen. Es ist eine Kultur, die von der Persönlichkeit und Perspektive der Frauen stark und spürbar geprägt ist, und zwar mit einer

Selbstverständlichkeit, die sich noch nach Jahrtausenden vermittelt. Nicht zufällig hatte diese Kultur einen sehr stark kinderfreundlichen, lebenslustigen, ästhetischen Aspekt, der ebenfalls aus den überlieferten Kulturgütern hervorgeht.

Das zweite Beispiel bezieht sich auf die höfische Gesellschaft in Westeuropa, insbesondere am französischen Königshof. Wir wählen dieses als unser zweites Beispiel, weil »Raum« darin eine große Rolle spielt. Und Raum ist, wie wir schon festgestellt haben, ein stets wiederkehrendes Thema in jenen Beziehungen, die sich um ein erhöhtes Gleichgewicht bemühen.

Am französischen Hof bemühte sich der Adel um standesgemäße Ehen. Das ist bemerkenswert genug, dass es sich lohnt, kurz bei diesem Satz zu verweilen.

Kontrastieren wir dieses Konzept mit dem Idealbild, das bis vor kurzem – und für viele Leute auch heute noch – die Ehepläne in unserem modernen Zeitalter regelt. Dieses Bild geht keineswegs davon aus, dass man das jeweils andersgeschlechtliche Gegenstück zu sich selber ehelichen möchte, sondern Frauen streben danach, »hinauf« zu heiraten – sozial und finanziell. Männer hingegen finden nichts dabei, »hinunter« zu heiraten. Das »Idealbild« gestattet sogar, dass ein gebildeter, erfolgreicher Mann eine Prostituierte heiratet, wie in Pretty Woman, oder eine Putzfrau, wie in der Jennifer-Lopez-Neuauflage dieses seltsamen Märchens.

Über solche Verbindungen hätte die höfische Gesellschaft entsetzt die gepuderten Köpfe geschüttelt, und die Beteiligten hätten niemals Akzeptanz gefunden. Nein, denn ein Mann und eine Frau hatten sich mit einem Ehepartner zu verbinden, der ihnen in Status, in Vermögen, in

Bildung möglichst ähnlich war. Ungleichheiten in einem Faktor ließen sich durch eine umgekehrte Ungleichheit in einem anderen aufwiegen, aber nur zu einem bestimmten Punkt – so konnte der bessere Adelstitel wettmachen, dass man ein bisschen zu viel von seinem Vermögen verspielt oder durch schlechte politische Schachzüge verloren hatte. Später ging das so weit, dass sehr wohlhabende Bürgerfamilien sich mit heruntergewirtschafteten Adelsfamilien verbinden durften, zum gegenseitigen Nutzen. Das Prinzip des Gleichgewichts blieb dabei unangetastet – beide Seiten brachten ungefähr gleich viel mit.

Das Prinzip der standesgemäßen Ehe erhöhte in gewisser Weise den Status der Frau zu ihrem Mann. Sie war nicht sein Anhängsel und nicht seine Hilfskraft, sondern sein gleichwertiges Gegenüber. Sie hatte von sich aus Ressourcen – eine wichtige Familie, die Einfluss ausübte, Geld, Kontakte zum Königshaus, eine Rolle in der feinen Gesellschaft. Sie hatte ein Leben, ein eigenes Leben. Dieses Leben gab ihr den Anspruch auf Bewegungsfreiheit, auf Verfügung über ihre eigene Zeit, und auf Raum.

Die höfischen Damen dieser Epoche hatten das, was Virginia Woolf später so schmerzhaft vermisste: ein Zimmer für sich allein. Und nicht nur ein Zimmer, sondern einen Trakt. Einen Trakt, der genauso groß und genauso schön war wie der ihres Mannes.

Der bekannte Kulturhistoriker Norbert Elias beschreibt für uns das typische Wohnarrangement dieser Ehepaare. Dazu gehörten die zwei »privaten Apartments«, »nämlich eins für den Herrn, und eins für die Dame des Hauses. Das eine liegt auf der linken, das andere auf der rechten Seite des großen Hofes. Beide Apartments sind fast völlig gleich aufgebaut: Schlafzimmer und Schlaf-

zimmer liegen einander genau gegenüber. Aber sie sind durch die ganze Breite des Hofes getrennt. Und die Bewohner sehen sich nicht etwa in die Fenster; denn die Fensterfronten gehen bei beiden – um das Geräusch der häufig an- und abfahrenden Wagen zu vermeiden – rückwärts nach den Blumengärten.
Herr und Dame haben beide anschließend an ihr Schlafzimmer ihr eigenes Kabinett, in dem sie bei oder nach der Toilette Besuche empfangen können, beide anschließend daran ihr eigenes Antichambre und beide selbstverständlich ihr eigenes Garderobezimmer.
›Wie lebt sie mit ihrem Mann‹, fragt der neue Diener die Kammerzofe der gnädigen Frau.
›Oh, gegenwärtig sehr gut‹, ist die Antwort. ›Er ist ein wenig pedantisch, aber er ist ehrgeizig; sie hat sehr viele Freunde; sie gehen nicht in dieselben Gesellschaften, sie sehen sich sehr selten und leben sehr anständig zusammen.‹
Das ist natürlich ein individueller Fall; nicht jeder Mann dieser Gesellschaft ist ehrgeizig und pedantisch, nicht jede Dame hat viele Freunde. Aber dennoch wird hier zugleich auch etwas für den Aufbau dieser Gesellschaft durchaus Typisches sichtbar. Diese Gesellschaft ist so weiträumig, dass Mann und Frau verschiedene Verkehrskreise haben können. Der Spielraum für ein Eigenleben ist schon von hier aus, aber ganz gewiss nicht von hier aus allein, für die Verheirateten ein ganz anderer als in einer engräumigen Gesellschaft.«[1]
Wir wissen aus dem historischen Quellenmaterial, dass diese Ehen trotzdem ein Minimum an Gemeinsamkei-

1 Norbert Elias, Die höfische Gesellschaft, Neuwied/Berlin 1969, S. 78 f.

ten, auch an gemeinsamen sozialen und persönlichen Verpflichtungen, hatten. Darüber hinaus können wir annehmen, dass manche dieser Paare sich gut verstanden und sich um häufige Überschneidungen in ihren jeweiligen Terminkalendern bemühten, während andere das Maximum an Distanz und das Minimum an ehelicher Gemeinschaft suchten.

Interessant ist die Selbstverständlichkeit, mit der diese Epoche der Frau ein Eigenleben zugestand. Und dabei ging es durchaus um keine trivialen Dinge. Viele Freunde zu haben bedeutete, viel Einfluss zu haben. Unserem pedantischen, aber ehrgeizigen Ehemann wird es wertvoll gewesen sein, dass seine Frau seine bestehende Gesellschaft durch ihre eigenständigen Kontakte dermaßen erweiterte. Bei Hof wurde Politik gemacht, und die Netzwerke und gesellschaftlichen Ereignisse waren dabei die treibende Kraft. Hier wurden Karrieren gemacht oder zerstört, Bündnisse geschlossen, Richtungen unterstützt oder sabotiert. Die Frau war eine selbständig Handelnde in diesem politischen Feld.

Ganz zu Recht betont Elias daher den bahnbrechenden Charakter dieses sozialen Systems: »Man kann die Stellung von Mann und Frau in dieser Gesellschaft kurz und knapp kaum deutlicher charakterisieren als durch den Hinweis auf diese gleichmäßige, aber völlig getrennte Anlage ihrer privaten Apartments. Man begegnet hier einer Ehe- und Familienform, die in soziologischen Theorien der Familie vielleicht etwas größere Beachtung verdiente.«[2]

Bestimmt. Was uns aber noch viel mehr interessiert, ist,

2 ebenda

was wir daraus für die Gegenwart mitnehmen können. Da springen uns vor allem die oben schon erwähnten drei Begriffe ins Auge, die so etwas wie eine Zauberformel für ein glückliches Frauenleben sind: Raum, Plan und Gleichgewicht.

Diese drei Begriffe tauchen immer wieder in den Interviews auf. Sie definieren die kritischen Wendepunkte. Sie markieren den Weg, wie die Zeichen am Baum, die beim Waldspaziergang die Route vorgeben. Die Frau, die einen Plan hat, die Frau, die sich Raum zubilligt, die Frau, die auf ein Gleichgewicht in ihrer persönlichen Beziehung achtet – diese Frau fühlt sich glücklich.

Bleibt noch die Frage des Organisationsprinzips. Unsere Gesellschaft war, was die Geschlechterrelation anbelangt, bis vor kurzem noch hierarchisch organisiert. Sehr viele Ehen und Familien sind es immer noch. Manche geben der Sache ein »partnerschaftliches« Gesicht, weil das zeitgemäßer und freundlicher wirkt. Und in manchen scheinbar hierarchischen Beziehungen ging es früher in Wahrheit wesentlich partnerschaftlicher zu, als es den Anschein hatte, weil die Frau dank ihrer Intelligenz und Willenskraft durchsetzen konnte, dass sie Einfluss hatte und wertgeschätzt wurde.

Was uns hier aber interessiert, ist das Nachwirken hierarchischer Bilder. Sie stellen eine Erschwernis, eine Blockierung dar. Sie können nicht wirklich etwas verhindern, aber sie können entmutigen und verwirren. Es ist wichtig, sich dessen bewusst zu sein, um sich davon nicht ablenken zu lassen.

Eine gleichgewichtige Beziehung, bei der die Frau einen Plan hat und Raum genießt, können wir am Beispiel von Ingrid studieren. Und wir können auch sehen, wie das

Fehlen neuer Bilder und das Nachwirken alter Bilder dabei als Irritation auftritt.
Ingrid ist Flugbegleiterin, ihr Mann ist technischer Zeichner bei einer Baufirma. Das gemeinsame Kind ist viereinhalb.
»Als ich ein Kind war, galt Stewardess für manche noch als Traumberuf. Meiner war das nie. Ich habe nach dem Abitur zu studieren begonnen, aber dann bin ich vor Langeweile in den Vorlesungen fast gestorben. Ich habe es einfach nicht ausgehalten. Ich wollte Dolmetscherin werden, weil mir schon von Anfang an klar war, dass ich reisen will. Ich habe Sprachen inskribiert, die schwieriger und seltener waren, das kam mir logisch vor; also nicht Englisch und Französisch, weil, das spricht ja jeder, sondern Chinesisch, Russisch und als dritte Sprache Japanisch. Und ich war verrückt genug, alle drei Sprachen gleichzeitig anzufangen. Theoretisch ist das auch irgendwie gegangen, und ich hätte das auch geschafft. Ich spreche jetzt mittlerweile schon recht gut Japanisch. Aber die Art und Weise, in der das unterrichtet wurde, war beziehungslos und öd.
Dann dachte ich mir, bevor ich hier den Verstand verliere, bewerbe ich mich besser bei einer Fluglinie, komme in der Welt herum und lerne auch Sprachen, und es muss ja nicht für ewig sein, sondern irgendwann schaffe ich den Absprung.
Mir hat es dann aber besser als erwartet gefallen, weil ich sah, dass ich in der Firma ganz gut weiterkommen konnte, wenn ich bereit war, mich einzusetzen. Ich fliege auch jetzt noch, aber nicht so viel, sondern werde auch im Managementbereich eingesetzt.
Es machte mir Spaß, und je intensiver ich mich in die

Arbeit involviert habe, umso spannender ist mein Leben eigentlich insgesamt geworden. Ich habe gesehen, dass ich für meine Kolleginnen Veränderungen durchsetzen konnte, die Qualität steigern konnte. Es macht mir Spaß, meine Arbeit möglichst perfekt zu machen.
Dann habe ich meinen Mann kennen gelernt. Es war nach einem langen Flug, und ich wollte nicht nach Hause fahren, sondern bin noch in eine Bar gegangen. Dort saß ein sehr attraktiver Herr – jung und fesch – an der Theke, und wir sind ins Reden gekommen. Er hat mir unheimlich gut gefallen, er hat so eine ruhige Art gehabt. Er hat mir erzählt, was er macht, dass er Pläne zeichnet, dass er an Bauvorhaben beteiligt ist. Ja, wir haben uns dann ab und zu getroffen, und ganz schnell ist zwischen uns etwas entstanden.
Er ist ein eher bodenständiger Mensch. Wir sind gleich alt, und er hat – das habe ich schon am Anfang sehr stark gespürt – mich sehr bewundert für meinen Mut und meine Abenteuerlust. Denn ich fliege nicht nur meine Flüge, sondern mache zwischendurch auch ganz abenteuerliche, exzentrische Reisen, ich kann ja umsonst fliegen. Ich habe zum Beispiel einige Male eine Forscherin, die die Naturvölker studiert hat, begleitet, und wir sind einmal ganz schön gestrandet und haben uns da durchschlagen müssen. Wir waren drei Wochen lang verschollen, das hat mich fast meinen Job gekostet, aber es war eines der größten Abenteuer meines Lebens. Ja, und ich reise auch, zum Beispiel nach Indien, in Gegenden, wo kein westlicher Mensch hinkommt. Das ist ein Teil von mir, dieses andere Leben jenseits der Zivilisation zu erkunden. Und es war ganz offensichtlich, dass ihm das alles unheimlich gut gefällt und dass er sehr neugierig ist;

dass er das alles zwar nie selber machen würde, aber dieser Blick in eine andere Welt hat ihm schon sehr gefallen.
Wir haben – das war vor fünf Jahren – dann sehr schnell geheiratet. Eigentlich in erster Linie, weil ich schwanger geworden bin. Das war nicht unbedingt geplant, aber es ist halt passiert, und unsere Beziehung war auch schon in den wenigen Monaten, die wir uns gekannt haben, so weit gefestigt, dass wir durchaus gefunden haben, wir passen fabelhaft zusammen und wir starten gemeinsam durch.
Ich bin dann zu ihm gezogen. Ich bin in seinen Haushalt eingezogen, der sehr penibel und ganz proper war, mit einem richtigen Wohnzimmer, einem richtigen Esszimmer, also für mich ein ganz ungewohntes Ambiente. Seit ich mein Zuhause bei den Eltern verlassen habe, habe ich nicht mehr so gelebt, sondern habe in einer sehr improvisierten Wohnung gelebt und die meiste Zeit sowieso in Hotels. Meine Eltern waren natürlich hellauf begeistert von diesem Idealschwiegersohn, bei dem es Porzellan und richtiges Sonntagsmittagessen gab. Das war alles total in Ordnung.
Die ersten Probleme sind dann aufgetaucht, als er ein bisschen zu nörgeln begann über unseren unsteten Alltagsablauf. Er hat im Prinzip einen »acht bis sechs«-Tagesablauf. Ich bin drei Tage zu Hause und dann vielleicht vierzehn Tage fort, je nachdem. Und ich war und bin auch nicht bereit, meine Ausflüge in die Welt aufzugeben. Daher habe ich meine Freizeit oft nicht zu Hause verbracht, sondern habe die Tage irgendwo angehängt, an einem spannenden Ort, den wir gerade angeflogen hatten. Japan war eine häufige Destination, und

das war mir wichtig, weil ich mich sprachlich da sehr weiterentwickelt habe.
Ab dem Zeitpunkt, als wir verheiratet waren, hat er die Fantasie entwickelt, dass ich nun etwas häuslicher werde. Einmal bin ich fast in Ohnmacht gefallen, als er gemeint hat, ich soll mich doch für den Boden bewerben, also für das Bodenoffice, aber da habe ich ganz schnell Klartext gesprochen und ihm klar gemacht, dass das niemals in Frage kommt. Ich habe auch erwartet, dass er einen großen Teil der Kinderversorgung übernimmt.
Also tagsüber kommt seine Mutter, die übrigens recht solidarisch ist mit mir. In ihr Leben habe ich auch schon ein bisschen etwas hineingebracht; ich habe sie auf ein paar meiner Flüge mitgenommen. Und ich bringe ihr immer Sachen mit von unterwegs, das mag sie. Sie ist ganz begeistert von all dem und sie sagt immer: ›Ingrid, bleib dran, das ist super, was du machst, ich helfe dir, wo ich nur kann!‹ Ein bisschen kommt es mir so vor, als ob sie meine ideale Ehepartnerin wäre!
Also mit Christian war es dann ein bisschen kompliziert, weil er enttäuscht darüber war, dass meine Liebe – das war sein Standardvorwurf – nicht stark genug sei. Weil ich sonst mit ihm dieses Konzept des Häuslichen intensiver gepflegt hätte.
Ich bin aber standhaft geblieben, und er hat sich dann in diese Routine eingefügt. Und mit seiner Mutter war er ja auch ein gutes Team. Das war Glück, weil seine Mutter zu dem Zeitpunkt – sie war Chefsekretärin – gerade in Pension gegangen ist. Sie ist eine pfiffige Frau, hat einen strategischen Blick und alles recht gut auf die Reihe bekommen. Jetzt funktioniert es überhaupt recht super,

weil unser kleiner Philipp ja schon im Kindergarten ist. Er wird von Christian hingebracht und von der Omi abgeholt.

Was ich daraus gelernt habe und was ich anderen Frauen weitergeben kann: Man sollte auf diese kleinen Empfindlichkeiten und Vorwürfe und Gekränktheiten der Männer nicht eingehen. Das ist emotionale Erpressung, nichts weiter. Ich habe zwar immer gedacht, dass das der weibliche Part in den Beziehungen ist, aber ich sehe mittlerweile, dass das nur ein Vorurteil ist. Angeblich sind Frauen so emotional – ich mache aber die gegenteilige Erfahrung und beobachte, dass im Grunde Frauen häufig sehr viel stärker sind. Vor allem heute, wo sie ja etwas zu verteidigen haben. Was man sich so mühsam aufbaut, kann man ja nicht einfach so schnell wieder aus der Hand geben.

Die große Gefahr ist die Nachgiebigkeit; das sehe ich rundherum bei den Mädels in der Firma. Die sind da oft unglaublich konziliant. Sie rasen atemlos vom Flughafen nach Hause, beladen mit irgendwelchen Einkäufen, die sie schon in der vorherigen Destination, in Frankreich oder sonst wo, getätigt haben. Bitte, man stelle sich das vor. Die gehen in einem anderen Land in den Supermarkt, statt dass ihr gnädiger Herr Ehemann vielleicht hin und wieder selbst einkaufen würde! Sie schleppen international die Lebensmittel herbei, nur um ihrem Liebsten zu Hause noch ein gutes Essen hinstellen zu können, nachdem sie völlig erschossen gelandet sind. Ich finde das verrückt. Sie machen das so quasi als Kompensation dafür, dass sie arbeiten ›dürfen‹. Ich finde, dass weibliche Arbeit ein Menschenrecht ist und kein Privileg, das ist für mich klar.

Also das hat mein Mann ganz gut geschluckt, und unser Leben hat sich dann auch sehr verändert. Unsere Wohnung hat sehr bald ganz anders ausgeschaut, weil ich ja viele Dinge von überall her mitgebracht habe. Wir haben zum Beispiel ein japanisches Esszimmer, sehr gradlinig. Auch unsere Ernährung habe ich entsprechend umgestellt, und Christian fühlt sich gut damit, denn durch die leichte Kost hat er abgenommen. Er schaut gut aus, er ist gesünder, also es gefällt ihm gut. Ich habe das alles ganz untaktisch, ganz direkt gemacht und ich finde, das ist der beste Zugang. Und er hat dann auch mitgezogen. Männer haben ja oft auch dieses Innovative, das kann man nützen.

Die zweite Krise haben wir noch nicht so ganz überwunden. Es ging ums Geld. Er ist in einem Angestelltenverhältnis, er verdient nicht schlecht und nicht gut. Wir könnten beide davon leben, also er könnte, jetzt mal klassisch gesprochen, ›die Familie ernähren‹, aber nicht gerade komfortabel. Mein Gehalt ist exakt doppelt so hoch, und das war lange Zeit ein Tabuthema zwischen uns. Ich habe gefunden, wir können selbstverständlich eine gemeinsame Kasse haben, das ist überhaupt keine Sache in meinen Augen, und als ich das erste Mal meine Karten offen gelegt habe, wurde er ganz schön schweigsam.

Das geht wohl noch ziemlich stark ans männliche Ego. Sie wollen auf dieser Versorgungsebene immer noch tonangebend sein, das ist fast so ein Urtrieb. Für mich hat Geld überhaupt nicht diese Bedeutung. Das Geld stärkt mir vielleicht den Rücken, denn ich fühle mich unabhängig und sehr sicher. Ich würde keinen Tag lang diese ökonomische Unabhängigkeit aufgeben wollen. Aber, dass

ich doppelt so viel Geld wie er ins Haus bringe, daraus würde ich nie ein Problem machen. Das Geld ist einfach selbstverständlich für uns alle da. Dass ihn das betrübt, finde ich schade.
Wir haben es jetzt so gemacht, dass wir jeweils denselben Betrag in die Haushaltskasse zahlen, also meine Gehaltshälfte und sein gesamtes Gehalt. Die andere Hälfte von mir, die geht direkt in die Anzahlung auf eine Dachgeschosswohnung, die wir gefunden haben und kaufen wollen. Damit spüren wir im Alltag nicht, dass bei mir ein »Überhang« ist.
Ja, also das hat mich schon sehr nachdenklich gestimmt, weil umgekehrt, wenn der Mann mehr verdient, es ja so komplett selbstverständlich ist. Mich hat das wirklich keine Minute belastet, einen Mann zu haben, der nicht die große Kohle nach Hause bringt, mir ist das wirklich völlig egal. Solange es unterm Strich für uns alle stimmt, ist es okay.
Aber, um es ganz deutlich zu sagen, dieses Problem hat uns eine Zeit lang bis ins Bett verfolgt. Er ist plötzlich lustlos geworden. Zwischen der männlichen Libido und der finanziellen Potenz scheint es einen Zusammenhang zu geben.
Aber ich bin eine eher unbekümmerte Natur, ich habe mich entschlossen, mich darum nicht allzu sehr zu kümmern, mich davon nicht aufhalten zu lassen, mich in keinem Fall zu kränken. Das ist überhaupt mein Lebensmotto, ich werde mich nie kränken lassen – wozu auch? Es gibt Dinge, die ich absolut nicht ändern kann. Ich kann nicht zu meinem Arbeitgeber gehen und sagen: ›Halbieren sie bitte mein Gehalt!‹ – das ist einfach lächerlich.

Für mich ist es in der Beziehung so, dass ich manche Probleme löse, indem ich sie zwar wahrnehme, aber dann einfach so stehen lasse. Sie werden das vielleicht verdrängen nennen. Ich sehe keine andere Möglichkeit, und was ich auf keinen Fall möchte, und das erlebe ich ja in meinem Umfeld, ist, diese Dinge endlos zum Thema zu machen. Beim Gedanken daran bekomme ich dieses Gefühl aus meinen Universitätsveranstaltungen – gähnende Langeweile. Ich weiß genau, was ich im Leben möchte und was ich dafür brauche. Geld gehört dazu, zum Glück haben wir es, indem ich bei der Stange geblieben bin und fleißig durch die Welt fliege und mich in der Firma nützlich mache. Also ich finde das alles ganz okay, und meine Methode hat sich bewährt, denn nach einiger Zeit hat das Problem sich aufgelöst, wie ich glaube, aus Mangel an Beachtung.
Dann hat es noch einen Vorfall gegeben, den ich erwähnen will. Der so genannte beste Freund von Christian, der unselige Harald, saß irgendwann einmal bei uns beim Abendessen. Ich habe irgendwas erzählt von einer Reise – ich bin damals gerade von den Philippinen zurückgekommen –, und da sagt dieser Jugendfreund so einfach ins Blaue: ›Na ja, Christian, was ich so sehe hier, die Ingrid hat ganz schön die Hosen an!‹
Es war eine ganz merkwürdige Situation. Christian ist ein eher ruhiger Typ, er hört gerne zu, und ich bin die Aufgedrehte, das stimmt schon. Ich glaube, in der Kombination sind wir recht gut. Aber irgendwas daran hat Harald irritiert. Er wollte wohl, dass sein Freund den Macho hervorkehrt oder ich weiß nicht was. Er kommt auch regelmäßig mit so Sprüchen wie ›Zeit für einen Männerabend‹ oder ›Jetzt hauen wir auf den Putz und

lassen die Weiber alleine‹. Ich persönlich interpretiere das eigentlich als Eifersucht. Männer können ja auch ganz schön eifersüchtig auf die Ehepartnerinnen ihrer Freunde sein, und ich habe ihm sicher den Kumpelplatz streitig gemacht, weil mein Mann mein bester Freund ist.

Wir haben die Art von Beziehung, die auch Freundschaftsqualität hat. Ich glaube, dass für Sex und Leidenschaft, wenn sie nicht nur vorübergehend sein, sondern bis ins Alter bleiben sollen, Freundschaft und das Gefühl der Zusammengehörigkeit die Basis sind. Harald fühlte sich wohl ein bisschen an den Rand gedrängt, und das war seine Methode, mich dafür zu bestrafen.

Frauen sind heute in einer neuen Rolle zu den Männern, viel partnerschaftlicher, kameradschaftlicher, sowohl mit den eigenen Männern als auch mit Männern überhaupt. Diese Rolle der Busenfreunde und Bierrundenfreunde wird dadurch ein bisschen obsolet.

Was ich super finde, ist die Beziehung zwischen Christian und Philipp. Er ist ein ganz fantastischer Vater. Er muss es sein, weil ich ja oft längere Zeit weg bin und er neben der Omi der Hauptanlaufpunkt für Philipp ist. Ich glaube, dass die Situation, wo die Frau nicht ganz so zentral ist, nicht ganz zu übergreifend präsent, für die Vater-Kind-Beziehung eine echte Erleichterung ist. Denn Frauen haben schon ein bisschen die Tendenz, alles besser zu wissen. Insgeheim glaube ich ja auch immer, dass ich alles besser weiß. Aber siehe da, ohne mich funktioniert es auch ganz wunderbar. Manchmal vielleicht sogar etwas entspannter, mit weniger Druck.

Ich glaube, dass sehr viele Männer mit direkter oder indirekter emotionaler Erpressung agieren. Mein Chris-

tian hat es auch versucht. Der Versuch ist gescheitert, weil ich ein ganz anderes Lebenskonzept im Kopf hatte. Ich war ja nicht mehr zu stoppen, mein Leben lief schon auf einem bestimmten Weg, mit dem ich sehr zufrieden war und den ich unbedingt fortführen wollte.
Der Fehler aber war, dass wir komischerweise – obwohl ich einen ausgefalleneren Lebensrhythmus hatte und es eigentlich nahegelingend gewesen wäre zu überlegen, was das für uns bedeutet – vor unserer Eheschließung darüber überhaupt nicht gesprochen haben. Vielleicht auch, weil die Tatsache, dass ich ein Kind bekommen würde, so überwältigend war. Von meiner Seite betrachtet habe ich es nicht angesprochen, weil ich gedacht habe, ihm ist ohnehin alles klar. Er weiß, was meine Arbeit für mich bedeutet, und es wird schon irgendwie laufen. Aber in Wahrheit war ihm gar nichts klar. Er hat aus der umgekehrten Annahme das Thema nicht aufgebracht. Er hat sich gedacht, bislang ist das Leben dieser Frau eben so gelaufen, weil sie Junggesellin war, aber jetzt, in der Rolle der Ehefrau, wird sie sich neu orientieren. Aber der Gedanke ist mir überhaupt nicht gekommen.
Und dieses Missverständnis hätte natürlich, wenn er weniger fair, ein weniger entgegenkommender Typ wäre, ganz schön schief gehen können. Da habe ich Glück gehabt, dass er so ist, wie er ist.
Ich habe es ja mit vielen herrischen Männern im Laufe der Jahre zu tun gehabt – ob das jetzt Piloten waren, die sich wirklich oft vorkommen wie die Herren der Lüfte, oder mit Fluggästen, die einen einladen und verfolgen, wenn man nein sagt, und glauben, nur weil sie irgendwie Superkerle in ihren Jobs sind, dass sie für jede Frau

auch automatisch unwiderstehlich sind. Also ich habe da schon einiges erlebt und beobachtet. Und mir hat ja gerade gefallen, dass Christian anders ist, dass er diese sensible Seite hat, die sein Verhalten bestimmt.
Ich bin sehr zuversichtlich, dass es mit uns gut weitergeht. Ich fühle mich eigentlich rundherum wohl. Und darauf würde Harald jetzt wahrscheinlich zynisch sagen: ›Kein Wunder, du kriegst ja alles, was du möchtest‹. Aber ich denke mir, das ist doch eigentlich ganz wichtig, dass wir in diesem unseren einzigen Leben alles, was wir möchten, auch wirklich kriegen. Zumindest sollten wir uns darum bemühen.«

Beziehungslandschaften

»Wenn ich einen Vorschlag machen darf …«, sagt Hannah, während ihr Blick das Wohnzimmer streift. Ihre Freundinnen stöhnen, denn sie wissen schon, was nun folgt: das große Möbelschieben. Aber sie hat, wie immer, Recht. Das Sofa ein bisschen anders, der Beistelltisch auf der Seite statt davor, der Teppich um einen halben Meter verschoben, und klick, plötzlich »stimmt« das Zimmer. Alle können es sehen. Es ist wirklich viel besser, obwohl sich im Grunde nichts geändert hat – durch die leichte Verschiebung der Perspektive kommen Dinge zur Geltung, die vorher im Abseits standen.

Accessoires, Inventare, ästhetische Zusammenfügungen – können solche Begriffe auch auf das menschliche Zusammenleben angewandt werden?

Ntozake Shange hat darauf ein provokantes »Ja« verfasst. In einem ihrer Gedichte lädt sie Frauen ein, von ihrer monogamen Fixierung abzusehen und Männer stattdessen in der Vielzahl nach ihrer jeweiligen Nützlichkeit zu sammeln: einen Sportlichen für die Bergwanderung, einen Häuslichen für das gemütliche gemeinsame Kochen, einen handwerklich Begabten für die stets anfallenden Reparaturen.

Das Konzept hat seinen Charme. Um es für uns umzusetzen, brauchen wir aber nicht gleich einen Harem. Nützlich ist vielmehr der Grundgedanke, von dem die

Dichterin hier ausgeht – dass wir als Frauen dazu neigen, alle unsere gesammelten Wünsche und Sehnsüchte und Erwartungen und Bedürfnisse auf eine einzige Person zu richten, auf den tatsächlichen oder den erst nur erträumten Partner. Freund, Gefährte, Geliebter, Berater, Krisenhelfer, Spender von Sinn und Gefühl, Kreditkartenzahler, Bastler, Filmkritiker, Freizeitbegleiter, Blitzableiter – okay, das alles haben wir uns redlich verdient, und wir sind es wert, und er soll sich gefälligst bemühen, unserem hohen Standard gerecht zu werden. Aber es ist gefährlich für das seelische Gleichgewicht, darauf zu bauen, dass ein einziger männlicher Mensch das alles sein kann und möchte und noch dazu für immer. Das ist unrealistisch und als Lebenskonzept wirklich nicht empfehlenswert, schon aus ökonomischer Sicht.
Welcher vernünftige Mensch würde seine gesamten Ersparnisse heute noch in Aktien anlegen, geschweige denn in eine einzige Aktie? Das Risiko ist einfach zu groß. Man muss seine Portfolios diversifizieren, die finanziellen wie die menschlichen.
Was schlagen wir also vor? Nichts Dramatisches. Wir verlangen gar nicht, dass Sie etwas ändern. Sie sollen sich nur kurz mal das geschulte Auge von Hannah ausborgen und einen Blick auf ihr bereits vorhandenes Inventar werfen. Hier ein bisschen gerückt, dieses Bild in einen anderen Rahmen, jene Vase auf den anderen Beistelltisch. In aller Wahrscheinlichkeit ist schon alles da, was Sie brauchen, um ein attraktives und harmonisches Lebensarrangement zu treffen. Es muss nur manches an eine bessere Stelle gerückt werden, aus dem Eck geholt und würdiger platziert werden.
Sie haben einen Mann? Fein. Einen netten? Na super.

Oder: Sie haben ihn noch nicht gefunden, aber Sie wollen sich auf jeden Fall einen anschaffen? Bestens. In keinem dieser Fälle hat es Sinn, ihn zu ausschließlich und zu zentral zu sehen. Begnügen Sie sich mit nur einem einzigen Möbel, mit einem einzigen Kleidungsstück? Natürlich nicht.

In diesem Kapitel machen wir, gemeinsam mit einigen Frauen, Inventur. Wir besichtigen ihre Beziehungsgarderoben, ihre Lebenseinrichtungen, um zu überlegen, wie wir das Gesamtbild ausgewogener gestalten, um ein harmonisches, praktisches und ästhetisches Gleichgewicht zu erreichen.

Beginnen wir mit Marie. Von Beruf Entwicklungshelferin, arbeitet sie seit ihrer Rückkehr aus etlichen Auslandseinsätzen als Krankenschwester. Sie ist 34 Jahre alt und lebt seit sieben Jahren in einer festen Partnerschaft.

»Ich habe einen Partner, der mit mir auch in Afrika war. Wir gehen gemeinsam wirklich buchstäblich durch dick und dünn. Er ist, wie das so dramatisch heißt, mein ›Lebensmensch‹. Ich rede mit ihm über alles, und unsere Beziehung ist sehr eng. Aber von außen betrachtet leben wir in mancher Hinsicht unkonventionell; zum Beispiel haben wir völlig getrennte Freundeskreise.

Meine wichtigsten Bezugspersonen neben ihm? Ich wusste, dass wir heute darüber reden, und deshalb habe ich auch schon nachgedacht. Wen ich zuerst nennen würde, ist meine Klavierlehrerin. So komisch das vielleicht klingt. Aber meine Klavierstunden, das ist ein Luxus, den ich mir gönne. Ich besuche sie zweimal in der Woche, und das ist für mich diese berühmte ›Auszeit‹. Dort kann ich wirklich alles fallen lassen, mich in etwas

Nutzloses versenken. Denn ich bin überhaupt nicht begabt, und da wird nie was draus, ich mache es nur für mich. Und ich liebe vor allem diese Frau. Sie ist schon eine sehr alte Dame, und mir gefällt, mit welchem Optimismus sie ihr Leben bestreitet. Sie hat es sicher nicht leicht. Sie ist für mich ein echtes Vorbild, so möchte ich mit 75 auch sein.

Mein Mann ist eigentlich vieles in einem für mich: mein Psychiater, mein Seelentröster, mein Politikberater. Also, er bestreitet ganz stark diese geistige und auch die emotionale Ebene. Aber für die praktischen Dinge in meinem Leben ist er eigentlich nicht so sehr zuständig. Was irgendwie eigenartig ist, denn bei Zusammenleben denkt man in erster Linie ja mal an die praktischen Dinge, an den Alltag. Aber wir haben im Grunde gar nicht so viel miteinander zu tun, wir sind beide sehr viel unterwegs. Ich arbeite im Schichtdienst im Krankenhaus, und er arbeitet in einer Firma, wo er auch sehr lange Tage hat und Kriseneinsätze aller Art. Im Grunde reduziert sich unsere gemeinsame Zeit auf das Wochenende – falls ich gerade frei habe.

Ganz wichtig für mich ist dann auch noch meine Buchhändlerin. Jede Woche besuche ich die Buchhandlung, komme was wolle. Sie erzählt mir, was mich interessieren könnte, macht mich auf Bücher aufmerksam, sie ist über die Jahre eine gute Freundin geworden, und wir treffen uns sogar manchmal privat auf einen Kaffee. Ich bin eine Leseratte.

Dann muss ich aber unbedingt auch noch meine Kioskverkäuferin erwähnen. Dort bin ich jeden Tag zu unterschiedlichen Zeiten und hole mir meine Zeitung. Wir reden immer ein bisschen miteinander. Ich kenne sie seit

vielen Jahren, und dort kann ich auch meine Einkaufstüten abstellen, wenn ich nicht gleich nach Hause gehe, oder ich kann Nachrichten hinterlassen. Irgendwie ist dieser kleine Kiosk ein bisschen ein Umschlagplatz und eine Anlaufstelle für mich geworden. Die Frau ist immer extrem freundlich. Sie ist ungefähr in meinem Alter und betreibt den Kiosk für ihre Tante.
Dann gibt es noch eine Person, das ist meine alte Englischlehrerin, durch die ich eigentlich zur Entwicklungshilfe gekommen bin. Sie hat immer Patenkinder gehabt, und zu meiner Maturareise hat sie mich nach Afrika mitgenommen, wo sie ihre Patenkinder besucht hat. Das war eine echte Weggabelung in meinem Leben. Sie ist mir wahnsinnig nahe. Sie wohnt im Moment nicht am selben Ort wie ich, aber wann immer ich ein Problem habe, das irgendwas mit meiner Arbeit zu tun hat, dann ist sie diejenige, die mir helfen kann. Sie hört zu, so auf eine ganz besondere Art – mit einer starken Meinung und dem Wunsch, einen Rat zu geben, aber zugleich nicht wertend oder missbilligend. Das ist eine seltene Mischung.
Dann habe ich noch eine gute Freundin aus Jugendtagen. Sie ist Masseurin geworden, und das ist auch so ein fester Punkt in meinem Leben. Ich versuche möglichst oft zu ihr zu gehen. Einfach weil ich sie so gerne habe und weil es mir gut tut, mich auf diese Art und Weise zu entspannen und etwas für meinen Körper zu tun. Ich glaube, es würde nicht so gut funktionieren, wenn wir uns nicht kennen würden, aber bei ihr kann ich mich richtig fallen lassen.
Jetzt fällt mir auf, dass das eigentlich ein kleines Frauennetzwerk ist, das ich hier beschreibe. Jetzt denke ich

noch nach, wer noch wichtig für mich ist, von männlicher Seite.
Ja, mein Vater, unbedingt. Mein Vater ist immer sehr positiv gewesen, er hat einfach immer angenommen, dass ich großartig bin, und hat mich ganz toll unterstützt. Heute sitzt er im Rollstuhl. Er hat zwei Schlaganfälle gehabt, und ich versuche ihn regelmäßig zu sehen und rufe ihn jeden Tag an. Ein Grund, warum ich zurückgekommen bin aus Afrika, ist, dass ich mich gefragt habe, wie lange ich ihn noch haben werde. Er ist auch so etwas wie mein Lebensmensch, in einer anderen Art und Weise als mein Mann. Er ist ein ganz wichtiger Anker, wenn nicht sogar der wichtigste in meinem Leben.«

Auf den ersten Blick erstaunlich an dieser Liste ist die Mischung der Gewichtigkeiten. Eine x-beliebige Buchhändlerin als wesentliche Bezugsperson neben dem eigenen greisen Vater? Die Kioskverkäuferin, quasi in einem Atemzug mit dem heiß geliebten Lebensgefährten?

Und doch – entspricht das nicht der menschlichen Realität viel besser als eine streng hierarchische Ausschließlichkeit? Das kleine Stacheltier aus Kristall, das uns irgendwann mal in der Kindheit von einer Lieblingstante geschenkt wurde, kann einen Ehrenplatz in der Wohnung einnehmen, und es ist egal, dass seine subjektive Kostbarkeit in umgekehrter Relation steht zu seinem tatsächlichen objektiven Wert.

Anders und doch auch ähnlich gestalten sich die Fixsterne im Leben von Beate. Die schlanke, sportliche Frau ist 40 Jahre alt und hat einen 11-jährigen Sohn. Sie wurde kürzlich geschieden.

»Zu den wichtigsten Menschen in meinem Leben – ich würde ihn im Moment erstaunlicherweise sogar als den

wichtigsten Menschen in meinem Leben beschreiben – zählt mein Mann. Er ist deshalb so wichtig, weil er existentiell bestimmend ist für unsere Lebensqualität. Da geht es ganz schlicht und einfach darum, ob er die Alimente zahlt oder nicht.
Er ist Unternehmensberater, macht eine Menge Kohle. Ich war seine Assistentin und sitze jetzt etwas auf dem Trockenen. Das Komische ist, über die Jahre war er ziemlich unwichtig für Axel, meinen Sohn, und auch für mich. Er war nicht sehr familienbezogen, eher arbeitsorientiert, und wir lebten in einer parallelen Welt, die ihn nicht besonders tangiert hat. Und auch er hat uns nicht sehr tangiert. Aber jetzt, wo das Ganze auseinander gebrochen ist, sind wir plötzlich ganz schön auf ihn angewiesen. Mein Job ist in Gefahr, denn ich arbeite in seiner Firma, die er aber zu schließen gedenkt. Danach, wenn er sein neues Projekt beginnt, wird er mich nicht mehr brauchen. Und für eine Jobsuche ganz aus dem Nichts bring ich nicht so besonders viel mit. Das heißt, ich bin wirklich voll auf ihn angewiesen, und er steht auch im Zentrum meines Denkens.
Die zweitwichtigste, auch eine ganz zentrale Person, ist meine Schwägerin, also seine Schwester, die all die Jahre eine hingebungsvolle Tante für unseren Axel war. Sie hat die Funktion einer Tagesmutter ausgefüllt. Selber hat sie keine Kinder, und finanziell geht es ihr recht gut. Daher hat sie das einfach so gemacht, aus Spaß und aus Liebe. Das war wirklich ganz fantastisch für den Axel und auch für mich. Ich habe sie wirklich gern. Sie ist in diesen schwierigen Zeiten keinen Millimeter von mir abgerückt, und wir sehen uns nach wir vor fast jeden Tag. Es ist einfach ganz toll zu erleben, dass sie auch in dieser

Zeit zu mir steht, dass ihre Zuneigung also irgendwo wirklich echt war. Nicht nur zu Axel, der immerhin ja ein Blutsverwandter ist, sondern auch zu mir.
Dann gibt es noch die Lehrerin vom Axel. Der Junge hat immer große Schwierigkeiten gemacht in der Schule. Zum Teil familienbedingt, es hat immer schon viele Spannungen zu Hause gegeben, es war eine holprige Ehe. Und einmal, als ich zum x-ten Mal dort war, um über Axel zu sprechen, habe ich ihr einfach die Wahrheit gesagt. Wir haben dann ganz offen über das alles geredet, und sie sagte, sie hätte komplett Verständnis dafür, nicht nur als Pädagogin, sondern auch ganz persönlich, weil sie auch seit mehreren Jahren schon allein mit ihren Kindern nach einer sehr problematischen Ehe leben würde. Es war dann so, dass wir uns angefreundet haben. Sie ist auch so ein zentraler Punkt geworden. Immer wenn ich sehr verzweifelt war am Anfang, habe ich mit ihr telefoniert. Jetzt ist eine ganz intensive Freundschaft daraus geworden.
Meine Großeltern muss ich auch in dieses Bezugssystem einordnen. Mein Großvater lebt noch, er ist jetzt 95 und in einem Heim. Jedes Mal, wenn ich ihn besuche – er erkennt mich ja kaum mehr –, ist es für mich wie eine Zeitreise in die Kindheit. Es war so schön mit meinen Großeltern. Ich bin immer bei ihnen gewesen, weil meine Eltern auch geschieden waren und ich dort abgegeben wurde. Aber das war keine Strafe. Sie waren immer so positiv und haben mich geliebt. Ja, man kann sagen, sie waren von mir begeistert, und das war ein himmlisches Gefühl, so heftig geliebt und verwöhnt zu werden. Also dieses Gefühl habe ich von ihnen mitgenommen. Und mein Großvater ist von daher ein wichtiger

Mensch, und ich hoffe, dass er noch lange lebt, auch wenn er nicht mehr ganz bei uns ist.«
Also, das sind ja vernünftige Frauen, stabil, ausgeglichen. Vielleicht erkennen Sie sich in ihnen wieder – aber vielleicht auch nicht. Manche von uns haben ein dünneres Nervenkostüm. Zum Beispiel Helena. Die 45-jährige Stuttgarterin erzählt, dass sie schon als Kind sehr sensibel, vielleicht sogar ein wenig labil war. Im Interview beschreibt sie, wie sie mit den inneren und äußeren Herausforderungen des Lebens fertig wird.
»Wichtig für mich ist meine Familie, also fangen wir mal an mit meinem Mann. Ich selbst habe am Beginn unserer Ehe als Lehrerin gearbeitet, dann sind die drei Kinder gekommen, und ich war ab der Geburt des ersten Kindes immer Hausfrau. Mein Mann ist wichtig für uns; er ist beruflich erfolgreich, damit ermöglicht er uns eigentlich alles. Wir haben einen sehr schönen Lebensstil, ein herrliches Haus. Ohne ihn hätten wir nie die Welt gesehen, durch ihn aber haben wir spannende Reisen gemacht. Die Kinder haben eine gute Ausbildung bekommen. Das ist schon alles sehr wichtig. Also er war die Basis für das alles. Zeit hat er natürlich nicht so viel, er führt ein sehr anstrengendes Leben mit viel Außendienst. Ich habe über weite Strecken mein Leben selber organisieren müssen. Haushalt und Kinder – ich kenne Frauen, die machen das mit links, aber für mich war es immer eine Herausforderung, alles gut hinzukriegen und zu managen und reibungslos zu organisieren.
Die wichtigste persönliche Beziehung ist meine Herzensfreundin Lisi, die ich schon seit der Schule kenne. Zum Glück sind wir im selben Ort geblieben. Sie hat auch Kinder bekommen, und unsere Kinder sind wie Ge-

schwister aufgewachsen. Mit ihr teile ich eigentlich alles, alle Sorgen. Ich habe ihr immer alles erzählt und sie mir auch – glaube ich zumindest. Zwischen uns ist ein ganz starkes Band. Ich glaube, ohne sie hätte ich die Krisen, die es natürlich auch gegeben hat, und vor allem die Depressionen, die ich über viele Jahre hatte, nicht gemeistert.

Meinen Mann wollte ich damit nicht belasten, was hätte er auch tun können? Er war ohnehin fast nur weg, und selbst wenn er da war, hätte es nicht viel gebracht, das mit ihm zu thematisieren. Er hat unheimlich viel Stress über die Jahre gehabt, musste sich beruflich mehr als einmal vollkommen umorientieren. Ehrlich gesagt, damit habe ich ihn auch alleine gelassen, denn ich habe mich mit solchen Sachen nicht ausgekannt und hätte gar nicht gewusst, wie ich ihn beraten soll. Wenn ich meine emotionalen Probleme auf ihm abgeladen hätte, ich glaube nicht, dass es viel gebracht hätte. Es hätte ihn belastet, denn er wollte, dass wir zufrieden sind und dass es uns gut geht. Es ist nicht so, dass es ihm egal gewesen wäre oder dass er nicht versucht hätte, mir zu helfen. Aber ich glaube kaum, dass er einen Rat für mich gewusst hätte oder eine Ahnung gehabt hätte, wie er ein solches Problem handhaben soll.

Und das ist auch gleich die Überleitung zu meinem nächsten Bezugspunkt, meiner Therapeutin. Ich konsultiere sie schon seit vielen Jahren. Angefangen hat es mit einem Krankenhausaufenthalt, da ist es mir sehr schlecht gegangen. Ich bin in die Ambulanz gegangen, weil ich nicht mehr weiter wusste, und man hat mich dann gleich stationär aufgenommen und mich mit Tabletten versorgt. Meine Therapeutin hat dann mit mir

geredet und hat vorgeschlagen, dass ich regelmäßig zu Gesprächen komme. Das mache ich jetzt schon seit sechs Jahren, und es tut mir sehr gut. Sie weiß wahrscheinlich gar nicht, wie viel sie für mich bedeutet. Ich führe Zwiegespräche mit ihr, ich habe eine richtige Beziehung zu ihr aufgebaut, teilweise real, teilweise virtuell. Ich habe sie in meinen Kopf eingebaut. Einerseits ist es natürlich eine einseitige Beziehung, aber andererseits ist es etwas, was mich wirklich am Leben hält, was mich wirklich festigt. Es ist ganz wichtig zu wissen, dass es diese Tage gibt, diese Stunden, wo ich zu ihr gehen werde. Und sie hört mir so vorbehaltlos zu. Das ist schon natürlich ein bisschen anders als meine Freundin, die mir ganz dringend helfen möchte und mir dann immer Ratschläge gibt, die ich dann nicht so leicht umsetzen kann, weil ich einfach nicht dazu imstande bin. Mir fallen viele Dinge, die mir sicherlich dabei helfen würden, das Leben positiv zu sehen, eben nicht ganz so leicht.
Ein ganz wichtiger Kontakt für mich ist – das klingt wahrscheinlich jetzt total blöd – unser Hausmeister. Er ist ein sehr freundlicher Mann älteren Jahrgangs. Er hat sonst keine andere Arbeit und ist immer im Haus und schaut nach dem Rechten. Ich sehe ihn immer wieder, mehrmals am Tag eigentlich, und er wirkt auf mich äußerst beruhigend: dass es ihn gibt, dass er auf das Haus schaut, das ist ein bisschen Halt für mich. Dann ist er auch immer freundlich, wir plaudern ein bisschen; im Grunde über nichts Wirkliches, aber er weiß mittlerweile auch viel über meine Familie. Er schaut mich manchmal auch an und fragt: ›Sind wir heute traurig?‹ Ich habe immer das Gefühl, er geht nicht einfach gedankenlos an mir vorbei, sondern er nimmt mich

wahr. Und das ist mir wichtig. Ja, ich glaube, es ist wichtig, dass man solche Begegnungen ernst nimmt. Einfach Personen, die man sonst nicht so sehr wahrnimmt, die aber Teil der Grundstruktur sind, sozusagen. Er ist ein Teil von meinem Leben.«

Helenas Einschätzungen sind zugleich plausibel und ungewöhnlich. Von all den Erwartungen, die Frauen an ihre Herzensliebsten richten, ist die Erwartung der umfassenden psychischen Betreuung diejenige, die am häufigsten zu Enttäuschungen führt. Wir mögen das Gefühl haben, dass Helena ihren Mann zu schnell aus der Verantwortung entlässt, es ihm zu leicht macht. Ist es nicht seine Aufgabe, sie glücklich zu machen, all ihre Probleme zu lösen? Helena weiß, dass es sogar ihrer Therapeutin – einer ausgebildeten Fachkraft mit einer starken persönlichen Neigung zur Beschäftigung mit Fragen des seelischen und psychischen Gleichgewichts – nicht immer gelingt, sie zu stabilisieren. Ihr Mann hingegen hat keinerlei Neigung oder Begabung in dieser Sparte. Es ist nicht unbedingt Lieblosigkeit, sondern schlichtes Unvermögen, wenn er hier nicht weiter weiß. Und wenn er nichts beitragen kann, warum ihm dann überhaupt diese Aufgabe auflasten? Ein logischer Schluss, der vielen Frauen aber schwer fällt.

Auch die Sichtweise, die wir von Ulrike hören, ist ungewöhnlich. Wenn eine Liebesbeziehung auseinander geht, ist es oft schwer, einen bleibenden positiven Effekt auszumachen. Ulrike aber hat den Stellenwert ihres Partners nicht nur zurechtgerückt, sie sieht auch seinen »historischen Beitrag« zu ihrer Entwicklung.

Ulrike ist 39 Jahre alt und arbeitet als Modeberaterin. Sie ist seit 14 Jahren verheiratet und hat zwei Kinder, zwölf und 13. Im Grunde sind alle Bereiche ihres Lebens wackelig, oder sagen wir vielleicht: »wechselhaft«. Ihre Beziehung zu ihrem Mann ist abgekühlt und läuft auf einer sehr sachlichen Ebene. Ihr Beruf als Modeberaterin ist kein Fulltimejob, sie muss ihn mit Nebenjobs finanziell aufbessern. Die Kinder sind anstrengend. Ulrike kriegt das alles hin, mittels ihres Netzwerks.

»Natürlich ist mein Mann wichtig in meinem Leben. Er ist Fotograf. Ich habe ihn kennen gelernt, als ich noch als Model gearbeitet habe. Er war damals natürlich mein Held; er hat mich sehr gefördert, ich bin durch ihn in Zeitungen gekommen, das war alles ganz wunderbar. Er hat mich sehr bewundert, ich habe ihn auch bewundert, es war wirklich die große Liebe.

Dann haben wir geheiratet, und ich habe sehr schnell die Kinder bekommen. Dann war es mit dem Modelsein klarerweise nicht mehr ganz so locker, und da hat sich unsere Beziehung auch sehr verändert. Mein Mann hat dann mit der Zeit andere ›Models‹ gefunden, wenn Sie mich verstehen. Andere Musen.

Aber gleichzeitig, das muss ich sagen, ist er Vater meiner Kinder, und ich sehe ihn als Konstante in meinem Leben, auch wenn er sich oft von uns wegbewegt. Es ist von seiner Seite auch die entsprechende Bereitschaft dazu da. Er will immer da sein, irgendwie und irgendwo. Er will immer Bedeutung haben. Es ist nicht so, dass ich ihn zwingen oder herbeizerren muss.

Die Personen, mit denen ich meinen Alltag bestreite, das ist einmal meine Mutter. Ohne meine Mutter hätte ich den Wechsel in die Modebranche nie geschafft. Sie hat mir immer geholfen, wenn die Kinderbetreuung ausfiel oder die Schule zu früh aufhörte. Sie war immer da, ob-

wohl sie selber auch gearbeitet hat. Ein Fels in der Brandung.
Die zweite Person ist Monika, die ein Café in meinem Haus betreibt, unten im Erdgeschoss. Das hat so angefangen, dass die Kinder dort öfters nach der Schule auf mich gewartet haben. Ich fand sie noch zu klein, um in der Wohnung allein zu bleiben. Es war mir lieber, sie waren unter Leuten und warteten auf mich. Monika hat ihnen dann immer ihre heiße Schokolade serviert und war total nett zu ihnen, und da ist eine richtig innige Beziehung entstanden, zunächst mal über die Kinder. Später habe ich dann gehört, dass sie ihr eigenes Kind bei einem Unfall verloren hat. Über die Jahre hat sie wohl meine Kinder ein bisschen als Ersatzkinder gesehen. Heute ist es so, dass ich sogar öfters im Café aushelfe – meine Aufträge haben nachgelassen. Sie hat das am Anfang immer so gedreht, dass ich ihr helfen soll, aus Freundschaft. Dann hat sie mir Geld dafür aufgedrängt, und mittlerweile entwickelt sich das deutlich in Richtung Job. Ich glaube, das ist für uns beide ganz gut, und wir kommen auch richtig gut damit zurecht. Ich muss sagen, sie ist für mich so ein bisschen ein Familienersatz geworden, mein ›zweites Wohnzimmer‹. Meine Kinder fühlen sich da auch wohl. Wenn sie den Drang haben, von zu Hause wegzugehen, müssen sie bloß ein paar Stockwerke hinunter. Dann sitzen sie im Café, treffen ihre Freunde und fühlen sich ganz erwachsen – das gibt ihnen ein tolles Gefühl, und ich weiß, sie sind in Sicherheit.
Dann gibt es noch eine Freundin, die ich noch nicht so lange in meinem Leben habe. Ich habe sie zufällig kennen gelernt. Sie ist zu mir gekommen, weil sie eine Sty-

lingberatung wollte, und ich habe bemerkt, wie unsicher sie ist. Ich habe sie dann aufgebaut, es wurde ein echtes Projekt für mich. Das Witzige ist, ich bin ja selber auch nicht gerade so eine sichere Person. Es hat mir ganz toll gefallen, dass jemand seelischen Rat von mir möchte und nicht nur wissen wollte, was die tollste Schminke ist. Mittlerweile ist es so, dass wir miteinander telefonieren, dass sich da eine große Nähe entwickelt hat.

Dann gibt es noch, lachen Sie nicht, meinen Tennislehrer. Ich habe sehr spät angefangen, Tennis zu spielen. Ich habe nie Sport gemacht, und dass ich das kann, das gibt mir ein unglaublich tolles Gefühl. Dass ich mir das leiste, etwas zu tun, was ich mir nie wirklich zugetraut habe. Ich habe das Gefühl, dass ich mich bewegen muss, ich habe schon Rückenschmerzen gekriegt, und ich wollte nicht in ein Fitnessstudio gehen. Der Mirko ist ein so ein herzlicher Kerl. Natürlich, ich kenne die Geschichten von Tennislehreraffären. Aber es läuft bei uns nichts auf der Mann-Frau-Ebene, wirklich nicht. Es ist einfach so eine ganz tolle, sportliche Partnerschaft, und ich wünschte mir, dass Beziehungen mit Männern öfter so sein könnten. Er redet mir gut zu, wenn ich am Aufgeben bin, er unterstützt mich. Also das ist für mich viel mehr als eine Tennisstunde.

Ich muss noch einmal auf meinen Mann zurückkommen: Also mein Mann ist schon wichtig für mich. Ich war so ein verunsichertes Mädchen, und er hat mir Selbstvertrauen gegeben. Er war damals bereits ein relativ bekannter Fotograf, und sogar heute baut mich das noch auf, dass er damals von mir so viel hielt und ausgerechnet mich auserwählt hat. Objektiv betrachtet spielt er heute keine konkret fassbare Rolle in meinem Leben.

Er sorgt für uns – das schon –, er ist auch da, irgendwie, was auf komische Art beruhigend ist, aber es ist nicht so wie mit den anderen Menschen, die ich genannt habe, mit meinen Freundinnen zum Beispiel. Es gibt keine starke innere Bindung mehr.«

Beziehungen richtig einzuschätzen setzt voraus, sich selber richtig einzuschätzen. Bei der Wohnungseinrichtung oder bei unserer Garderobe fällt uns das leichter. Da leisten wir uns schon mal ein exzentrisches, nutzloses Stück, das uns aus unerklärlichen Gründen angesprochen hat. Dieser Gegenstand gibt uns ein Gefühl, das uns gut tut – es erinnert uns an etwas, erfüllt eine Sehnsucht, gibt uns das Gefühl, jung zu sein, amüsiert uns. Es ist Ausdruck unserer Persönlichkeit, vielleicht sogar unserer Schwächen. Dasselbe Muster in unseren Beziehungen zu erkennen, in aller Klarheit, ist vorteilhaft. Eine, die es kann, ist Isabella.

»Helmut ist seit fünf Jahren mein Lebenspartner, er ist 21 Jahre älter als ich. Er unterstützt und berät mich in fast allen Organisations-, Emotions- und praktischen alltäglichen Lebensfragen. Er ist auch mein ›Lehrmeister‹ und väterlicher Freund, mein beruflicher Förderer und Erwecker der Frau in mir.

Ja, und dann gibt es noch meine Frauengruppe. Wir sind insgesamt neun Frauen, und wir treffen uns seit fünf Jahren regelmäßig alle zwei Monate zu Gesprächsrunden, zu Ritualen, zum Feiern, zu Ausstellungen und zu vielem mehr. Diese Frauengruppe ist mein privater emotionaler Vertrautenkreis; vor allem in Sachen Beziehungsgestaltung und Sexualität.

Robert ist eine weitere Bezugsperson in meinem Leben, er ist seit fünf Monaten mein Geliebter. Anfangs war das

als Experiment gedacht, aber nun ist daraus eine Liebesbeziehung mit starkem emotionalem Tiefgang geworden. Robert unterstützt und berät mich in übergeordneten, aufrüttelnden Lebensstrategie- und Denkmustern. Er ist der Erwecker meiner totalen Leidenschaft und Lust.
Meine Mutter unterstützt mich in Alltagssituationen und -fragen, aber sie ist keine Vertraute in Beziehungsangelegenheiten. Das würde sie total überfordern und schockieren.
Mit Vätern bin ich zwar überversorgt, zahlenmäßig – ich habe einen Vater und einen Stiefvater –, aber sie geben mir wenig praktische, emotionale oder sonstige Unterstützung, und das war wohl schon immer so. Ihre Rolle wird stark von meinem Lebenspartner Helmut kompensiert. Es ist mir klar, dass ich nicht zufällig einen älteren, väterlichen Partner gewählt habe. Man holt sich, was man braucht.«
Wie sehr das, was man »braucht«, mit Liebe und mit Männern gar nichts zu tun hat, ist eine Einsicht, die vielen Frauen schwer fällt. Gina bemüht sich, diesen Konflikt für uns zu artikulieren.
Gina ist 33 und arbeitet in einer Fotoagentur, die mit einem Nachrichtendienst verbunden ist. Es ist ein anspruchsvoller, auch ein stressiger Job, in dem Dinge oft sehr schnell erledigt werden müssen und es ständig technische Pannen und Krisen geben kann. Außerdem hat Gina eine 9-jährige Tochter und einen Mann, der für eine politische Partei arbeitet und ebenfalls sehr eingespannt ist.
»Meine erste spontane Reaktion auf dieses Thema wäre gewesen, dass ich kein Beziehungsnetzwerk habe, weil ich weder die Zeit noch die Persönlichkeit dazu mitbrin-

ge. Aber wenn ich dann über mein Leben nachdenke, dann stimmt das überhaupt nicht. Ich muss sagen, ganz ehrlich, dieses Gespräch ist interessant für mich. Ich hätte manches, was sich dabei herausgestellt hat, vorweg ganz anders wahrgenommen. Das ist ja eigentlich ziemlich schrecklich. Es sieht so aus, als ob ich Leute abwerten würde, die in Wirklichkeit eine ganz wesentliche Rolle für mich spielen und mir sehr helfen. Die Korrektur für mich kommt, wenn ich versuche, sie aus meinem Leben wegzudenken. Geht nämlich gar nicht. Hilfe! Da wird mir heiß und kalt, wenn ich nur dran denke.
Zum Beispiel Miriam, meine Nachbarin. Ich habe sie nicht ganz ernst genommen, als wir uns kennen lernten. So ein Hausmütterchen, dachte ich. Über eine rein praktische Sache sind wir uns näher gekommen. Ich brauchte jemanden, der nach der Schule ein paar Stunden lang auf meine Tochter Laura schaute, und sie hatte die Möglichkeit, ihren Mann auf seine Dienstreisen zu begleiten, vorausgesetzt, irgendwer nahm ihre Tochter über das Wochenende zu sich. Unsere Töchter freundeten sich schnell an, und beide Probleme waren so auf einen Schlag gelöst. Es war optimal, denn Geld hätte sie von mir keins genommen, obwohl sie so etwas wie eine Tagesmutter für mich war, und ohne Geld hätte ich sie nicht bitten können, das Tag für Tag verbindlich zu machen. So aber war beiden Seiten geholfen. Mittlerweile ist viel mehr daraus geworden. Wir telefonieren jeden Morgen, theoretisch nur, um unsere Pläne abzustimmen, aber in Wirklichkeit ist es für mich zu einer Aussprache geworden. Sie hat irgendetwas, irgendeine Qualität, ich weiß es nicht … man kann mit ihr unheimlich gut reden. Ich bin sonst eher verschlossen, bei ihr werde ich zu ei-

ner regelrechten Plaudertasche. Sie sagt nicht viel, aber sie ist sehr intelligent und macht hin und wieder eine Bemerkung, und wenn man auflegt, hat man das Gefühl, dass manches klarer geworden ist. Neulich dachte ich mir: Ich kann total verstehen, dass dieser viel beschäftigte Mann diese Frau geheiratet hat und sie auf seinen Reisen dabeihaben will. Wahrscheinlich geht es ihm so wie mir, und er findet es hilfreich und angenehm, mit ihr zu reden.

Außenstehende würden meine Beziehung zu Petra wahrscheinlich gar nicht als Freundschaft einstufen, denn wir sehen uns vielleicht zwei-, dreimal im Jahr, meist bei irgendwelchen Partys, wo man kaum zum Reden kommt. Manchmal telefonieren wir, nicht oft. Umso erstaunlicher ist es, dass sie an mehreren Punkten eine wesentliche Rolle für mich gespielt hat. Sie hat eine nüchterne, sichere Art. Wenn man sich gerade schrecklich bedauert und gar nicht mehr klar sieht, dann muss man nur mit ihr reden. Sie ist wie jemand, dem man ein verworrenes Wollknäuel in die Hand drückt. Sie klaubt das ›Gedankenknäuel‹ geschickt auseinander. Sie ist dabei sehr rational. ›Ja, das ist schlimm‹, sagt sie, ›aber man kann es nun mal nicht ändern. Du musst einfach das und das und das tun.‹ Es hilft einem, weil sie diesen Zugang auch selber lebt. Sie hat ein schwer behindertes Kind, sie betreut eine kranke alte Tante, daneben hat sie eine Firma. Sie könnte auch jammern, aber sie tut es nie. Sie überlegt, was zu tun ist, was die Optionen sind, und dann entscheidet sie sich und handelt danach. Ich kann nicht immer so stark sein wie sie, aber ihr Zugang hilft mir sehr.

Mein Bruder ist mein emotionaler Halt. Er lebt in Aus-

tralien, wir kommunizieren hauptsächlich per E-Mail. Sein Leben ist ganz anders als meins, auch seine Einstellungen sind anders. Außerdem ist er um einiges jünger, acht Jahre. Aber er ist so empathisch. Vielleicht hilft gerade auch seine Distanz. Was ich tue, spielt für ihn keine Rolle – ich meine das jetzt im positiven Sinn. Er kann mich ganz liebevoll und zugleich neutral beraten, weil er keine persönliche Präferenz hat. Anders als mein Mann und meine Eltern, die immer auch ein bisschen an sich selber und ihre eigene Bequemlichkeit oder ihre eigenen Wünsche denken, wenn sie mir einen Rat geben.
Okay, und nun zu meinem Mann. Wir kennen uns seit zehn Jahren. Er ist Umweltsprecher einer politischen Partei. Was ich von ihm bekomme, ist sehr viel berufliche Unterstützung, Ratschläge, wie ich mich besser positioniere und wie ich mit Widersachern umgehe und Ähnliches. Ich erhalte auch Anerkennung durch ihn, er ist stolz auf mich, und er gibt mir Rückhalt in Erziehungsfragen – da ist er mehr der Ersatzelternteil, ich kann ihn einsetzen, wenn ich etwas nicht tun kann oder will oder wenn ich müde bin. Seine psychische Bedeutung ist eigentlich viel größer als seine tatsächliche Funktion. Wir haben sehr wenig Zeit für- und miteinander. Unsere Persönlichkeiten sind sehr verschieden, was zu vielen Missverständnissen führt. Mir fällt der Ausspruch ›Er ist immer für mich da‹ zu ihm ein, was einerseits stimmt, aber andrerseits auch wiederum nicht stimmt. In der täglichen Realität ist er kaum da. Er wäre wahrscheinlich da, wenn es eine Krise gäbe und ich ihn brauchen würde. Wäre er immer da? Das weiß ich nicht. Wenn ich mich umsehe, in meiner Firma – die wenigsten Beziehungen halten. Wenn wir ernsthaft Streit ha-

ben, weine ich mich meist bei meinem Bruder aus, per E-Mail. Er reagiert unterschiedlich, aber immer richtig – entweder mit einem Scherz oder mit einer Aufmunterung oder mit Anteilnahme. Meist mit einem Scherz. Und wenn es eines Tages aus sein sollte – dann rufe ich Petra an. Und sie wird sagen: ›So? Na, ärgerlich. Total arg. Tut mir echt Leid. Jetzt solltest du aber schleunigst x und y tun und danach z. Denn was hilft es, das Leben geht weiter.‹«
Langsam wird das Bild deutlicher, und wir können in ersten Umrissen die Kategorien erkennen, aus denen sich unsere persönlichen Beziehungsnetzwerke zusammensetzen. Da gibt es die unmittelbar notwendigen, pragmatischen, praktischen Elemente. Sie sind wichtig, essentiell, aus dem Inventar nicht wegzudenken. In Einrichtungsgegenständen gedacht, sind sie das Bett, der Tisch, das Wohnzimmersofa. Wir brauchen Schlaf, Essen, ein bisschen Entspannung. Unsere materielle Existenz muss gesichert sein, wir brauchen einen minimal sicheren Fixpunkt, und in Abständen müssen wir uns entspannen und neu motivieren können, irgendwie. Und so fallen auch unsere menschlichen Ressourcen in aller Regel in eine begrenzte Anzahl von Kategorien:

- materielle Sicherheit
- emotionaler Halt
- Hilfe in Notfällen und Krisen
- praktische Unterstützung im Alltag
- Ratschläge, Hilfe bei der Bewertung von Situationen
- persönlicher Aufbau, Anerkennung
- Freude, Entspannung

Wenn wir diese Liste betrachten, können wir sogleich dreierlei beobachten.

1. Beobachtung: Die Funktionen, aus denen diese Liste besteht, sind zahlreich, umfassend und essentiell für das Überleben und Wohlbefinden.
2. Beobachtung: Wenn auch nur einige Dinge von dieser Liste ausfallen, ist es um uns schlecht bestellt.
3. Beobachtung: Die meisten Frauen erwarten, dass ihr Partner alle Funktionen auf dieser Liste für sie wahrnimmt.

Es ist ziemlich riskant und nicht unbedingt sehr realistisch, all das auf einen einzigen Menschen zu projizieren. Wenn wir uns die tatsächliche Lebenssituation von Frauen erzählen lassen, können wir auch rasch erkennen, dass sie in Wirklichkeit nach einem anderen und vernünftigeren Muster handeln. Sie haben Freundinnen, Verwandte, Kollegen, Nachbarn – ja, und Buchhändlerinnen und Kioskverkäuferinnen –, die alle ihren Beitrag dazu leisten, dass das Leben der betreffenden Frau glatt und angenehm verläuft. Aber sie bleiben unterbewertet, unterbelichtet. Sie sollen hinter dem Vorhang agieren, sie sollen flink und geräuschlos den Szenenwechsel vornehmen, und wenn der Vorhang dann aufgeht, steht nur noch ER da, der Star in seiner glanzvollen Hauptrolle.
Oben sprachen wir davon, dass Frauen ihr Beziehungsnetzwerk gerne hinter einen Vorhang verbannen, in die bedeutungslose Unsichtbarkeit nebensächlicher Hilfsleistungen, um dafür ihre Liebesbeziehung zu einem Mann ins Scheinwerferlicht zu stellen.
Ist das vielleicht harmlos, bloß eine Fiktion, die dem

Frauenleben Romantik und Drama verleiht, indem sie die banale Mechanik der tatsächlichen praktischen und emotionalen Abläufe versteckt? Nein, so harmlos ist es nicht. Zu gravierend ist der Schaden, wenn die Sache in die Brüche geht. Und die Unterbelichtung der Rolle, die andere Personen spielen, veranlasst Frauen dazu, diesen Schaden vielfach höher zu bewerten, als er objektiv ist oder sein müsste, und wichtige Ressourcen zu übersehen oder zu unterschätzen.

Ilona ist mitten in einer Scheidung, die sie nicht wollte und die sie, wie sie immer wieder fassungslos wiederholt, »einfach nicht kommen sah.« Ein Jahr ist es schon her, seit ihr Mann ihr mitteilte, dass er die Ehe auflösen will. Dann ist er noch vier Monate dageblieben, vier schreckliche Monate, in denen sich fürchterliche Streitszenen abwechselten mit noch fürchterlicheren Friedensmomenten, die ihr die falsche Hoffnung gaben, alles würde vielleicht noch gut werden. Nun ist er ausgezogen, aber die Entspannung ist minimal, denn die zwei gemeinsamen Kinder bewirken, dass die Eltern nach wie vor intensiven Kontakt haben müssen. Die Kinder müssen von ihm gebracht oder abgeholt werden, Geldangelegenheit sind zu besprechen, und daneben läuft die Scheidung mit Anwälten und Angeboten und Gegenangeboten.

Und Ilona hat das Gefühl, dass ihre Welt zusammengebrochen ist. Immer schon neigte sie dazu, Probleme mit Tabletten zu bewältigen. Nun ist sie auf der Suche nach dem perfekten Antidepressivum – einem, das sie weder zu müde noch zu lethargisch macht, das sich nicht auf den Magen oder auf den Schlafrhythmus auswirkt, das ihr ermöglichen wird, dem Tag gefasst zu begegnen.

Ihre Erregung ist nachvollziehbar. Schrecklich kränkend ist das, wenn der Partner plötzlich von einem nichts mehr wissen will, einen nicht mehr liebt. Wenn er sogar sagt, er hätte einen eigentlich nie geliebt und wäre schon seit Jahren frustriert und unglücklich gewesen in dieser Ehe. Es ist peinlich, den Verwandten und Nachbarn und Berufskollegen sagen zu müssen, dass man verlassen wurde, und bedrückend, die Verwirrung der Kinder mitzuerleben, ihnen etwas erklären zu müssen, das man selber nicht versteht. Termine beim Anwalt, Szenen, in denen man sich hässliche Dinge an den Kopf wirft, gefolgt von einsamen Nächten, allein mit trüben Gedanken – das alles ist kein Vergnügen.

Doch wenn wir versuchen, Ilonas »Beziehungslandschaft« sachlich zu betrachten, sieht die Sache gleich ein wenig anders aus.

In den »besten Jahren« ihrer Ehe, als von Krise und Liebesverlust noch keine Rede war, als man den Hochzeitstag noch mit Sekt und einem trauten Abendessen in einem romantischen Lokal feierte, wie sah es damals aus?

»Robert ist immer schon stark ein Einzelgänger gewesen«, erinnert sich Ilona. Er liebte es, an Wochenenden extreme Bergtouren mit seinen alten Schulfreunden zu machen. Ilona hingegen ist eine künstlerisch veranlagte Person. Ihr Freundeskreis besteht aus SchauspielerInnen, SängerInnen, MalerInnen. Die Sommerferien verbrachte die Familie gemeinsam – zwei Wochen, länger konnte Robert sich nicht frei nehmen –, aber selbst dort gingen die Familienangehörigen getrennte Wege. Das störte nicht und wurde von niemandem als Entfremdung wahrgenommen. Robert gefiel es, hin und wieder zu einer Premiere mitzugehen. Ilona fand es gut, dass er sich sportlich betätigte und Kontakt hielt zu Jugendfreunden. Das tat sie schließlich auch – dreimal die Woche traf sich ihre Tanzgruppe, und mit ihren Freundinnen telefonierte sie stundenlang.

Ilonas Lebensgeografie, in den Jahren ihrer intakten Ehe, ließe sich ungefähr so beschreiben:

Für Erziehungsfragen war in erster Linie ihre große Schwester nützlich. Sie hatte vier Kinder und war sehr belesen, von Piaget bis Spock und darüber hinaus.

Ihre intensivsten Interessen und Freuden, Kunst und Kultur, teilte Ilona mit einem großen Kreis Gleichgesinnter. Dort fand sie auch immer wieder die Teilzeitjobs, mit denen sie das Haushaltsbudget aufbesserte. Von dort bezog sie auch ihre Bestätigung. Robert fand sie ein bisschen schrill, sah sie als hoffnungslose Plaudertasche. In diesem Milieu aber wurde sie geschätzt und geliebt als spritzige, lustige, extrovertierte Person.

Robert sicherte den materiellen Unterhalt der Familie und war das zweite Standbein, was soziale Fragen anbelangte. Auch wenn er sich um Schulprobleme und Erziehungsfragen nicht kümmerte, zum Elternabend konnten sie als Paar erscheinen, beim Kindergeburtstag war ein Papa da, und das Fußballteam seiner Tochter feuerte er mit den anderen Vätern an.

Wenn wir den »Verlust«, den Ilona durch die Scheidung verbuchen muss, ganz sachlich rechnen, läuft es auf Folgendes hinaus:

Sie muss mit einer materiellen Einbuße rechnen. Robert ist zwar gewillt, seine Kinder großzügig zu unterstützen und sogar die Familienwohnung weiterhin zu finanzieren, damit die Kinder ihre vertraute Umgebung behalten

können, aber darüber hinaus wird der materielle Standard sinken, wenn zwei Haushalte von einem Hauptzahler finanziert werden müssen.
Ilona wird ihre Jobs ausweiten und festigen müssen, was in ihrem Alter und in ihrer Sparte nicht ganz einfach ist, angesichts ihrer sehr guten Kontakte aber gelingen müsste.
Ihr Freundeskreis bleibt nicht nur intakt, er ist angesichts der Krisensituation verstärkt in Aktion getreten. Fast alle gemeinsamen Freunde sind auf »ihrer« Seite. Ilona hat keinen Mangel an sympathisierenden Menschen. Sie kann sich aussprechen und Rat holen. Es werden ihr Therapeuten, offene Stellen, bessere Anwälte genannt. Sie wird bewusst überallhin eingeladen, vor allem auch von befreundeten Paaren, damit sie nicht das Gefühl hat, nun allein und Außenseiterin zu sein. Ihre extrovertierte Persönlichkeit und ihr nettes Wesen machen sich in der Krise bezahlt.
Die zusätzlichen Schwierigkeiten, die eine allein erziehende geschiedene Mutter mit reduziertem Einkommen erwarten, muss man zu erwartenden Erleichterungen gegenüberstellen. Robert war von Anfang an ein streitbarer, jähzorniger Mensch. Auch wenn er nicht gewalttätig wurde, musste Ilona doch eine Menge einstecken an Beleidigungen, Drohungen und Stress. Zärtlichkeit, Liebe, Zuwendung, sogar Sex, all diese Dinge liefen bei Robert auf Sparflamme.
Wir sehen: So viel, wie Ilona glaubt, wird ihr Leben sich gar nicht ändern – und nicht alle der tatsächlichen Veränderungen werden schlecht sein. Nur in ihrer subjektiven Sicht ist »alles« aus – weil es für die vielen anderen Beziehungslinien und Funktionen keine Begrifflichkeit

gibt. Das alles projizieren wir auf die »Partnerschaft« und meinen damit nur die Zweierbeziehung zu einem andersgeschlechtlichen Gegenüber. Wenn wir lernen könnten, dieses Zerrbild zurechtzurücken, wäre enorm viel erreicht – innerhalb von Beziehungen, die dann nicht mehr so unrealistisch überfrachtet und zu Enttäuschungen verurteilt wären, aber auch vor und nach und anstelle von Beziehungen.

Vieles deutet darauf hin, dass Ehe, Partnerschaft und Zweierbeziehung – vor allem in der Art und Weise, wie Frauen sie begreifen – nichts Natürliches ist, sondern ein Konstrukt. »Ein Konstrukt«, das ist der Fachausdruck, in den Sozialwissenschaften, für künstlich fabrizierte Formen der Lebensorganisation. Ein Konstrukt, das dem Wesen der Frauen überhaupt nicht entspricht.

Die berühmte Soziologin Jessie Bernard fand die ersten Hinweise auf diesen interessanten Widerspruch.

Frauen – und in den 1950er-Jahren, als sie ihre Arbeiten durchführte, war das noch stärker der Fall als heute – sind ganz versessen aufs Heiraten. Es scheint ihnen vergleichsweise mehr daran zu liegen als den Männern, die das zwar auch wollen, es aber lässiger damit nehmen. Welcher kleine Junge träumt schließlich davon, eines Tages Bräutigam zu sein? Welcher Mann widmet Monate seines Lebens der Planung und Inszenierung einer perfekten Hochzeit? Große wie kleine Indizien deuteten darauf hin: Frauen lag vergleichsweise mehr daran, in den heiligen Stand der Ehe zu treten, als Männern.

Aber wie kommt es dann, fragte sich Jessie Bernard angesichts der Datenlage, dass die Ehe den Männern faktisch deutlich mehr an Wohlbefinden und Lebensquali-

tät bringt als den Frauen? Verheiratete Männer lebten länger als unverheiratete – bei Frauen war es umgekehrt. Die Ehe machte Männer glücklicher und gesünder als ihre unverheirateten Gegenstücke. Für Frauen hingegen bedeutet die Ehe eine messbare Verschlechterung. Auch wenn sie das subjektiv gar nicht wahrnahmen, die Fakten waren unleugbar. Irgendwo hatte das ja auch Sinn. Eine Ehe griff viel stärker in den Lebensablauf einer Frau ein, verglichen mit dem eines Mannes – und in den 1950er-Jahren war das natürlich noch viel stärker der Fall als heute. In der klassischen, traditionellen Ehe war die Frau diejenige, die Komfort schuf, und der Ehemann war derjenige, dem Komfort geboten wurde.
Frauen wollten die Ehe, liebten die Ehe, fühlten sich unverheiratet als halbe Versagerinnen – aber die Ehe tat ihnen nicht unbedingt gut. So weit kam Jessie Bernard mit ihren simplen, empirischen Daten, und danach löste sich die Diskussion in ideologischem Streit auf. Ein Streit, zugegeben, der einiges gebracht hat. In den 1950-er Jahren war eine Frau, die sich offen für ihre Karriere interessierte, die ehrgeizig war und sich ihre Unabhängigkeit bewahren wollte, die viel bestaunte Ausnahme. Seither haben sich unsere Vorstellungen (nicht immer unsere Praxis) bezüglich Partnerschaft, Arbeitsteilung, Beruf und Vaterschaft grundlegend geändert. Nur die Ehe in ihrer philosophischen und gedanklichen Zentralität ist gleich geblieben.
Die Diskussion darüber, ob das überhaupt dem Wesen der Menschen und insbesondere der Frauen entspricht, kann eigentlich erst heute wieder, von einer ganz anderen Seite, aufgerollt, erneut aufgenommen werden. Bitte folgen Sie dem Umweg, er ist illuminierend.

Im Jahr 2000 fiel einer Gruppe von Forscherinnen auf, dass irgendetwas an den Daten aus der Stressforschung nicht stimmte. Beziehungsweise an den halben Daten – an denjenigen, die an weiblichen Testpersonen und/oder Versuchstieren durchgeführt wurden. Deren Ergebnisse passten regelmäßig nicht ins Versuchsprogramm – weshalb sie regelmäßig und kurzentschlossen von den zuständigen Forschern als »Abweichung« abgetan und hinausgeschmissen wurden.

War es aber plausibel, fragten sich die Forscherinnen, dass die weiblichen Lebewesen in diesen Studien alle, rein zufällig, abweichend reagierten? Oder war das gar kein Zufall. Sie reagierten vielleicht einfach nur anders, in irgendeinem Alternativmuster, das von den Forschern nicht gesehen wurde, weil sie nicht danach schauten?

Die Forscherinnen beschlossen, sich diese Sache ganz genau anzusehen. Nicht mit den ›weichen‹ Mitteln der Soziologie, sondern mit den ›harten‹ Methoden der Neurologie und der medizinischen Verhaltensforschung – dort also, wo nicht Meinungen und Werte, sondern Blutbilder und Gehirnströme und biochemische Prozesse gemessen werden.

Das Ergebnis war revolutionär. Die weibliche Reaktion auf Stress und Gefahr war grundlegend anders als die männliche; sie verfolgten, wenn es um die Verbesserung ihrer Lebensqualität und die Erhöhung ihrer Überlebenschancen ging, eine grundsätzlich andere Strategie als Männer und männliche Tiere.

Für die männliche Lebenshälfte galt die so genannte Fight-or-Flight-Reaktion. Das heißt, in Reaktion auf eine Bedrohung oder Gefahrensituation entschloss sich das männliche Lebewesen je nach Einschätzung der

Lage entweder dazu zu kämpfen oder zu flüchten. Per Intellekt oder Reflex wurden die Chancen bewertet – standhalten und sich wehren oder abhauen und sich in Sicherheit bringen. Inzwischen bereitete sich der Körper vor – er musste keine Entscheidung treffen, denn seine Vorbereitung war in beiden Fällen die gleiche. Ein Adrenalinschub und andere verwandte Veränderungen bereiteten ihn auf einen kurzfristigen, heftigen Krafteinsatz vor, ob Kampf oder Flucht, das war gleich.

Genau an diesem Punkt hatten vorangegangene Forscher die Frauen abgeschrieben bzw. sie aus den Testreihen geworfen. Bei ihnen stieg der Pegel jener Körperchemikalien, die einen Kraft- oder Aggressionsschub begünstigen, nicht verlässlich an. Manchmal konnte man eine Erhöhung feststellen, dann wieder nicht, ebenso gut war es möglich, dass diese »paradoxen Weiber« Chemikalien ausschütteten, die das Gegenteil vom Erforderlichen produzierten, nämlich Beruhigung statt wehrhafter Panik.

Wenn man verstehen wollte, was hier vorging – so folgerte das Forscherinnenteam –, dann musste man sich zunächst einmal davon frei machen, dass die an Männern identifizierte Stressreaktion der Maßstab aller Dinge war. Adrenalin, Testosteron und die anderen Stoffe, die bei Männern von der Gefahrensituation ausgelöst wurden, hatten zwar einen logisch nachvollziehbaren Effekt: Sie erlaubten eine kurzfristige Anstrengung, eine körperliche Bestleistung und versetzten ihn in Panik- oder Aggressionsstimmung, was ihm dabei half, schneller zu laufen oder mutiger zu kämpfen. Nun hieß es, bei Frauen mit einer parallelen Logik vorzugehen: herauszufinden, welche Veränderungen Gefahr und Stress in

ihnen bewirkten, wie sich diese körperlichen Veränderungen auf Verhalten auswirkten, und dann zu überlegen, welchen Zusammenhang das haben konnte mit ihrer kollektiven Überlebensstrategie.
Frauen und viele weibliche Tiere schütteten im Gefahrenfall Oxytocin aus. Das hatte die klassischen Forscher zur Verzweiflung gebracht, denn Oxytocin hat eine sedierende, beruhigende Wirkung, völlig kontraproduktiv für ein Lebewesen, das in einen Zustand heller Erregung geraten und sich in die Schlacht werfen soll.
Was aber, wenn das gar nicht die einzige, ausschließliche Strategie für den Umgang mit Gefahr ist, fragten sich die neuen Forscherinnen. Wie sah denn überhaupt ein typischer Gefahrenablauf für Frauen und weibliche Lebewesen aus?
Typischerweise waren sie für Kinder bzw. für Jungtiere verantwortlich. Hals über Kopf zu flüchten, war dann keine Option, wenn sie diese nicht ihrem Schicksal überlassen wollten. Wenn es sich hingegen um einen feindlichen Angriff handelte, dann waren die Angreifer in der Regel männlich und stärker, und ein frontaler Kampf war nicht die viel versprechendste Reaktion. Kleine Kinder mussten durch eine ruhige Ausstrahlung davor bewahrt werden, in Panik zu geraten, zu schreien und eigene unbeholfene Fluchtversuche zu unternehmen. Gegen angreifende Männer brauchte man eine Palette von Strategien, die vom Ruhighalten und Verstecken bis zur Organisation von Verstärkung reichten. Das heißt, für ein weibliches Lebewesen war es in erster Linie wichtig, ruhig zu bleiben und darauf zu bauen, dass ein vorher sorgfältig aufgebautes und gepflegtes Beziehungsgeflecht ihm nun, in seiner Stunde der Not, zu Hil-

fe käme. Dieses Beziehungsgeflecht wiederum bestand bei Primaten in erster Linie aus anderen weiblichen Tieren.

Ein typischer Beziehungskreis setzte sich zusammen aus den engeren weiblichen Verwandten sowie aus Freundinnen. Diese Freundschaften entstanden durch gemeinsame Aktivitäten und gegenseitige Hilfe – wie bei Menschen verbrachten auch bei den Primaten die weiblichen Tiere ihre Freizeit gemeinsam, versorgten gegenseitig den Nachwuchs. Im Notfall waren sie füreinander da. In der Tierwelt nahmen solche Krisenfälle unterschiedliche Formen an. Da gab es natürliche Gefahren, Angriffe, Konflikte mit fremden Männchen, aber auch Konflikte mit den eigenen männlichen Partnern. Weibliche Tiere waren in jeder Situation zur Stelle, wie aus dieser Beschreibung amüsant klar wird:

»Wenn das führende Männchen versucht, die Weibchen zu disziplinieren, geht das oft schief. Die Freundinnen seines Opfers kommen ihr nämlich unweigerlich zu Hilfe. Schulter an Schulter stehend, konfrontieren sie das Männchen mit empörtem Kreischen und wütendem Gebell. Dann tritt das Männchen meist indigniert den Rückzug an, wobei es versucht, so würdevoll wie möglich zu erscheinen. Wenn das Männchen das Gefühl hat, seinen Stolz und seinen Stand verteidigen zu müssen, dann versucht es, seinen Plan durchzuziehen und das Weibchen, das ihn verärgert hat, zu bestrafen. Das hat aber nur den Effekt, dass eine noch größere Anzahl der Weibchen herbeieilt, um die bedrohte Freundin zu schützen. Wir haben keinen einzigen Fall beobachtet, der einen anderen Ausgang genommen hätte. Stets wurde das aggressive Männchen von einer wütenden Weibchenhorde vertrieben – ein eindrucksvolles Beispiel weiblicher Solidarität.«[3]

Männliche Tiere hatten auch ihre Netzwerke. Diese dienten dem gemeinsamen Jagen oder dem gemeinsamen Kampf gegen einen organisierten Gegner. Was sie nicht hatten, waren »private Netzwerke«. Daher erhielt ein Männchen, das, wie oben beschrieben, einen »Beziehungskonflikt« einging, keine männliche Unterstützung. Die Netzwerke der weiblichen Tiere spielten eine fundamentale Rolle, nicht nur für die Lebensqualität, sondern auch für die blanken Überlebenschancen. Studien mit Rhesusaffen zeigten das ganz deutlich. Sie dokumentierten die Anzahl von »Freundinnen«, die jedes Tier hatte, und die Intensität der jeweiligen »Freundschaften«, die sich daran ablesen ließ, wie viel Zeit die Freundinnen zusammen mit ihrer Lieblingsbeschäftigung, der gegenseitigen Körperpflege, verbrachten. Die Tiere mit den meisten und intensivsten Freundschaften erlitten die wenigsten Angriffe, ob durch Raubtiere, Artgleiche einer anderen Gemeinschaft oder Männchen der eigenen Gemeinschaft, inklusive ihres Sexualpartners. Kein Wunder, dass die weiblichen Tiere viel Zeit damit verbrachten, ihr »Freundinnen-Netzwerk« zu pflegen.

Frauen tun das auch. Aber sie sind sich nicht unbedingt des Stellenwerts bewusst, den dieses Netz für sie hat. Sie legen es gedanklich ab unter »ferner liefen«, statt anzuerkennen, wie zentral es für sie ist. Ganz objektiv gesehen wäre es viel schlimmer, wenn ihr soziales Netzwerk verloren ginge, als wenn eine Liebesbeziehung scheiterte.

3 R. Dunbar, Grooming, Gossip and the Evolution of Language, Harvard University Press, Cambridge 1996, S. 20–21

Wir haben es uns abgewöhnt, überhaupt in Kategorien von elementarer Sicherheit und Überleben zu denken. Wir leisten uns den Luxus, das Schwergewicht auf unser seelisches Wohlergehen zu legen. Wir konzentrieren uns auf die Dinge, von denen wir meinen, dass sie uns glücklich oder unglücklich machen. Und bei dieser Liste steht die Liebe meist an erster Stelle. Zum Teil erliegen wir damit einem Irrtum. Wenn wir ein paar Tage lang bewusst wahrnehmen, worüber wir uns Sorgen machen, welche Probleme wir haben und wer uns dabei hilft, wird dieses Bild schnell zurechtgerückt. Wer hilft mir? Wer weiß etwas? Wen frage ich? Wessen Rat vertraue ich? Wer nimmt sich die Zeit, mich anzuhören? Wer ist verlässlich auf meiner Seite? Ausführliche Studien haben sich um die Antwort bemüht und sind dabei auf die Netzwerke gestoßen – und auf deutliche Unterschiede zwischen Männern und Frauen.

»In jeder Lebensphase bezogen Frauen sich mehr auf ihr soziales Netzwerk als Männer. Unter Stress mobilisierten sie dieses Netzwerk, und zwar insbesondere die weiblichen Mitglieder. Sie suchten eher bei Frauen Hilfe, erhielten eher von Frauen Hilfe, und die Unterstützung, die sie von Frauen erhielten, war zielführender und nützlicher.«[4]

Das »soziale Netzwerk« vieler Männer hingegen ist oft sehr klein – und besteht in erster Linie meist aus ihrer eigenen Partnerin.

»Frauen hatten nicht nur die größeren Netzwerke, sie

4 Shelley Taylor et al., Behavioral Responses to Stress in Females, Tend and Befriend, Not Fight and Flight, Psychological Review, 107, 3, 2002. S. 411–429

waren auch heftiger in diese Netzwerke verwoben. Sie wussten besser Bescheid über alle wichtigen Ereignisse, die im Netzwerk stattfanden, und sie waren involvierter, wenn irgendwo im Netzwerk ein Problem auftrat. Dreißig Prozent mehr Frauen als Männer hatten im Untersuchungszeitraum dabei mitgeholfen, helfend auf eine Krise im Netzwerk zu reagieren. Und zwar betraf diese Hilfe berufsbedingte Probleme, Geld und andere finanzielle Probleme, Beziehungsprobleme und Gesundheitsprobleme. Die Unterschiede im Sozial- und Problemlösungsverhalten von Frauen und Männern waren so krass und bestätigten sich so oft in den Studien, dass die Forscher dazu übergingen, den Zugang von Frauen als kollektivistisch und kollaborativ, jenen der Männer dagegen als individualistisch zu bezeichnen. Und der Unterschied war kulturunabhängig. Für zwölf verschiedene Kulturen ließ sich dokumentieren, dass Mädchen und Frauen voneinander mehr Hilfe erwarten und mehr erhalten als Jungen und Männer.«[5]

Sich darüber bewusst zu sein, dass diese Ressource existiert und wichtig ist, würde uns als Frauen bestimmt weiterhelfen. In dieser Strategie liegt eine echte Stärke. Oft neigen wir dazu, das nicht wahrzunehmen oder sogar dagegen zu arbeiten – weil wir wollen, dass es anders ist. Wir wollen, dass ER, unser Liebesobjekt, unser Ein und Alles ist – unser einziger Bezugspunkt, unsere einzige Quelle von Unterstützung und Rat, unser Problemlöser und Freund. Und wenn ER dann ausfällt, ist »alles aus«!

5 E. P. Copeland, R. S. Hess, Differences in young adolescents' coping strategies basesd on gender and ethnicity, Journal of Early Adolescence, 15, 2001, S. 203 ff.

Teil 2
Räume und Freiräume

Die Macht der Konventionen

Die Macht der Konventionen ist enorm – sie sind so etwas wie ein Programm, das als Code auf unserer Festplatte installiert wird. Nicht in unserem Kopf unbedingt, denn unser Kopf mag uns sagen, dass die eine oder andere Konvention gar keinen Sinn hat. Auch nicht in unserem Herzen, denn viele Konventionen zwingen uns, unserem Herzen gänzlich zuwider zu handeln. Aber sie verwurzeln sich in unserer Grundstruktur.

Konventionen haben etwas Bequemes, etwas Einladendes. Wenn wir den Konventionen folgen, sind diejenigen Menschen, die uns in irgendeiner Weise vorgesetzt sind oder die die Möglichkeit haben, über uns zu urteilen und uns ihre Missbilligung spüren zu lassen – die Chefs, die Eltern, aber auch die Nachbarn, sogar die Mitreisenden in der U-Bahn –, dann sind all diese Leute mit uns zufrieden. Sie lassen uns in Ruhe. Oder sie loben uns sogar. Sie lieben uns. Sie tun uns nichts.

Anpassung verspricht Sicherheit. Und nicht nur das. Anpassung lässt noch auf sehr viel mehr hoffen: auf Lob, auf Zuspruch, auf Beförderung, auf Schutz, auf Erfolg.

Aber Konventionen haben zugleich etwas sehr Unbequemes. Das Wort Anpassung deutet bereits darauf hin: Wenn wir uns anpassen müssen, dann folgt daraus, dass wir unsere eigentliche Form verändern müssen. Sonst

würde sie ja schon »passen«, müsste sie nicht extra »angepasst« werden.
Um uns anzupassen, geben wir die uns eigene Gestalt auf – in manchen Fällen nur ein kleines bisschen, in anderen Fällen fast zur Gänze. Wenn das Herz und der Kopf nicht so ganz einsehen, dass diese Veränderung wirklich sinnvoll und glückspendend ist, dann fühlt sich dieser Prozess ganz schön unbequem an. Zumindest aber ergeben sich Zweifel, bleiben Sehnsüchte zurück. Was wäre gewesen, wenn? Wie wäre ich gewesen, was wäre aus mir geworden? Die Teile, die wir verleugnen oder verdrängen oder verheimlichen müssen, um uns anzupassen, protestieren gegen ihre Unterdrückung. Manchmal hört man jahrelang nichts von ihnen, ehe sie sich als bittere Stimme des Verlustes wieder melden. Warum habe ich damals nur?
Männer wie Frauen erleben diesen Verlust, diese Eingrenzung, aber sie empfinden es in etwas unterschiedlicher Form. Männer haben typischerweise das Gefühl, ihre Freiheit aufgegeben zu haben und zu viel Verantwortung zu tragen. Für Frauen typisch ist das Gefühl, zu »brav« zu sein, als differenzierte Persönlichkeit unter der Fassade der angenehmen, dienstbaren, entgegenkommenden Frau verschwunden zu sein, mit den eigenen Wünschen und Meinungen und Bedürfnissen nicht genügend vorzukommen.
Anpassung erzeugt in vielen Menschen das Gefühl, dass das eigene Leben nicht wirklich authentisch ist. Fantasien vom Aussteigen, von Urlaub und Abenteuer, manchmal aber auch einfach vom »Alles-Hinschmeißen-und-Davonlaufen« geben dem Ausdruck.
Eine Alternative wäre es natürlich, den Konventionen

die Stirn zu bieten und den eigenen Vorstellungen von der Lebensgestaltung treu zu bleiben.

Was für das Arbeitsleben, den Einrichtungsstil, das persönliche modische Auftreten zutrifft – gilt doppelt für das Privatleben. Wie und mit wem man zusammenlebt, ist bestimmend für die meisten anderen Lebensbereiche und ganz sicher für die Lebensqualität und die Entfaltung der eigenen Persönlichkeit. Und gerade hier schlagen, für viele von uns, die Konventionen mit besonderer Härte zu. Viele junge Leute rebellieren dagegen, um dann doch davon eingeholt zu werden. Eine verbreitete Form von Nonkonformismus zum Beispiel ist es, die Hochzeit zu verweigern und lieber unverheiratet zusammen zu leben. Solche Beziehungen sind oft von »konventionellen« Ehen nicht zu unterscheiden. Wenn es nur bei der äußeren Form bleibt, ist das Rebellieren im Negativen stecken geblieben – diese Personen haben zwar versucht, gegen die Konventionen zu sein, aber sie haben keine neuen Inhalte entwickelt.

Britas Beispiel gefällt uns, weil sie die Frage andersherum angepackt hat. Sie orientiert sich an ihren Zielen und sucht Lösungen, ob innerhalb oder außerhalb des Konventionellen. Sie wollte heiraten – ganz konventionell. Schon nach dem dritten Rendezvous – das ist bereits weniger konventionell. Sie hat den Heiratsantrag gemacht – das ist ungewöhnlich. Sie verwendete zu diesem Anlass ein konventionelles Accessoire – einen großen Blumenstrauß. Man muss die Konventionen nicht ablehnen, und man muss sich ihnen auch nicht unterwerfen – manchmal ist es besser, mit ihnen zu spielen.

Brita bezeichnet sich und Fred als »Yuppies«. Beide arbeiten in Werbeagenturen. Wer sie nicht kennt, wer sie nur von außen betrachtet, vermutet hier ganz bestimmt kein Sozialexperiment. Verheiratet, Mittelschicht, im »Kapitalismus« zu Hause, konventioneller geht es gar nicht. Oder? Konventionell oder unkonventionell zu sein, das hat weniger mit dem äußeren Anschein zu tun als mit der echten Substanz der eigenen Lebensgestaltung und des eigenen Denkens. Man ist nicht für ein äußeres Publikum unkonventionell. Unkonventionell heißt vielmehr, dass man sich um dieses Publikum, um sein Urteil nicht schert, sondern von eigenen inneren Vorstellungen geleitet wird.

»Ich bin in einem total unkonventionellen Haus aufgewachsen. Im Grunde haben bei uns alle getan, was sie wollten. Von außen betrachtet, war es eine völlig gestörte Familie. Mein Vater hatte ständig Affären. Er war Bauleiter und viel unterwegs, um seine verschiedenen Baustellen zu betreuen. Auf diesen Reisen hat er einfach alles vernascht, was ihm unterkam. Er war ein richtiger Don Juan.

Meine Mutter war Architektin. Sie und mein Vater haben anfangs in derselben Firma gearbeitet, aber sie ist dann weggegangen, vermutlich, weil sie mit seinem Leben und seinem Arbeitsstil überhaupt nicht zurechtkam. Sie hat sich dann ihren Lebenstraum erfüllt und hat, als ich schon auf der Welt war, Kunstgeschichte und Archäologie studiert. Und das hat ihr Leben in eine ganz neue Bahn gebracht, die für sie fantastisch war. Sie wurde Archäologin und war mit internationalen Teams bei Ausgrabungen dabei. Man muss sich das vorstellen, ich war acht Monate alt, und sie hat mich rechtzeitig abgestillt, um nach Südamerika zu fahren und dort mit Kollegen an einem aufregenden Projekt zu arbeiten. Ich

bin zurückgeblieben, bei ihrer Cousine und deren Familie.
Diese Leute waren tief überzeugte Anthroposophen, und es ging in deren Heim wirklich extrem straight und strukturiert zu, der totale Kontrast zu meinem eigenen Zuhause. Aber irgendwie habe ich das auch geliebt. Ich bin immer wieder dort gelandet, das war so quasi mein Auffanglager. Mein Vater erschien dann typischerweise an den Wochenenden und hat viel mit mir unternommen, wobei seine Wahl an Freizeitaktivitäten nicht von allen gebilligt worden wäre. Er ist mit mir zum Beispiel, schon in ganz jungen Jahren, Motorrad gefahren. Ich kann mich daran noch ganz genau erinnern. Ich war fünf und habe mich an ihn angeklammert, mein Helm ist mir die ganze Zeit hinuntergerutscht, und wir sind irgendwo hingebraust. Oder ein anderes Mal, da sind wir vier Tage lang quer durch Ungarn mit dem Motorrad gedüst, das ist eine meiner stärksten Kindheitserinnerungen.
Meine Mutter hat dann – die Ehe war ja infolge der vielen Abenteuer meines Vaters in dieser Hinsicht wohl kaputt – auch ihre diversen Liebhaber gehabt, die uns auch besucht haben. Das verschwimmt in meinem Gedächtnis, keiner davon hat einen bleibenden Eindruck bei mir hinterlassen, sie waren eher eine Summe von dunkelhäutigen Personen, die immer wieder aufgetaucht sind, um eine Weile zu bleiben. Sie haben immer Gerichte aus ihren Herkunftsländern gekocht, das ist mir noch in Erinnerung geblieben.
Meinen Vater hat das nicht gestört. Meine Eltern waren ein super Team, auf ihre eigene Art. Ihr gemeinsames Ziel war, die Familie zusammenzuhalten, unser Haus,

die Verwandtschaft, das alles zu halten, aber darüber hinaus waren sie nicht sehr auf einander fixiert. Sie hatten irgendwie diesen Ansatz von Flowerpower und haben diese Idee von freier Sexualität und Hippietum für sich verwirklichen können. Natürlich bin ich dann auch ausgebrochen und habe dagegen rebelliert. Ich habe eine anthroposophische Schule besucht, das war der Einfluss meiner ›Gastfamilie‹. Und mir hat es auch wahnsinnig gefallen, denn wir wurden als Kinder sehr geachtet.
Nach dem Schulabschluss bin ich zum Studium nach Indien gegangen. Ich habe in verschiedenen Aschrams gelebt. Da ist vielleicht doch auch der Flowerpower-Ansatz meiner Eltern wieder zum Vorschein gekommen.
Ich habe mich dann einer christlichen Initiative angeschlossen. Ich habe in einem Waisenheim gearbeitet, es war eine wahnsinnig gute Zeit. Ich habe ganz tolle Menschen getroffen. Als ich wieder zurückkam, habe ich überlegt, was ich gerne tun möchte. Und ich kam zur Einsicht, dass ich es eigentlich so machen wollte wie meine Eltern: mir ein Fundament schaffen, mich finanziell halbwegs unabhängig machen und dann reisen.
Ich habe dann sehr schnell ein Wirtschaftsstudium abgeschlossen, habe schon während der Studienjahre immer gejobbt und bin sofort in eine Agentur eingestiegen, und in dieser Agentur bin ich auch recht schnell weitergekommen. Ich arbeite hart, aber ich nehme mir dann immer wieder Zeit für meine persönlichen Interessen. Ich habe schon einmal eine Stelle aufgegeben, weil ich nicht den Urlaub bekam, den ich wollte und den ich mir auch verdient hatte. Da mache ich keine Abstriche, sonst hat das Ganze für mich keinen Sinn.
Und eines Tages traf ich auf Rolf. Es hat mich wie ein

Blitz getroffen. Er war für mich genauso abenteuerlich aufregend wie ich meine Familie erlebt habe: witzig und unkonventionell. Ich habe mir gedacht, eigentlich schon auf den ersten Blick, mit dem möchte ich zusammen sein. Das hat so einen irgendwie unrealistischen Beigeschmack für viele Leute, eine romantische Illusion, aber ich sehe das anders. Gegenüber manchen Personen empfindet man diese Art von Energie.

Das spürt man oder das spürt man nicht. Man kann noch so lange befreundet sein und alles Mögliche ausprobieren und zusammen leben, aber an diese Probegeschichten glaube ich nicht. Ich glaube viel eher an Schwingungen, auf denen man dann dahingleitet und schwebt und abhebt. Die sind entweder da oder sie sind nicht da.

Natürlich, man muss sie nicht aufgreifen. Aber ich war in einem Alter, wo ich dachte, ich liebe Kinder und ich möchte das auf keinen Fall versäumen. Die biologische Uhr hat so laut getickt, dass ich sie gar nicht überhören konnte. Und ich dachte mir, also ich muss, wenn ich Kinder möchte, das eher bald machen. Und dieser Mann ist der Richtige.

Es war unser drittes Rendezvous. Ja, und dann habe ich einen großen Strauß tiefroter Rosen gekauft und habe den guten Rolf gefragt, ob er mein Mann werden möchte. Ich habe es ironisch gemacht und witzig, und wir haben beide irrsinnig lachen müssen. Wobei ich denke, dass er mehr von der Szene überwältigt war als vom Inhalt, dass ihm noch nicht unbedingt nach Heiraten war, für einen Mann ist das vielleicht anders. Aber ich war entschlossen, diese Sache in die Hand zu nehmen, und nicht in irgendwelchen fest gefahrenen Schemen zu den-

ken. Was sich gehört, was sich nicht gehört, darauf pfeife ich.
Er hat sofort ja gesagt, das hat mich auch irgendwie umgehauen. Wir haben dann überlegt, wie wir es haben wollen, wie wir unser gemeinsames Leben gestalten möchten. Und wir machen das so, dass wir beide unsere jeweilige Wohnung behalten haben. Wir waren uns einig, dass wir, klar, Kinder haben wollen, ein gemeinsames Leben führen und bald eine gemeinsame Familie haben werden, aber wir wollen auf keinen Fall unsere Unabhängigkeit, unsere Autonomie aufgeben.
Jetzt läuft das so, dass wir montags bis donnerstags bei mir sind, weil der Alltag bei mir leichter zu handhaben ist. Bei mir ist alles sehr kühl, sehr straight und sehr praktisch. Wir können unser Arbeitsleben auch sehr gut in dieser Wohnung abwickeln. Da ist wenig Klimbim, es ist übersichtlich, ich habe wirklich ein funktionierendes Apartment.
Er lebt in einer Etage in einem Haus im Grünen, und das ist gerade fürs Wochenende unglaublich schön, mit einer kleinen Terrasse und Blick in den Garten. Also ideal zum Relaxen, und Donnerstagabend siedeln wir dann hinüber zu ihm.
Und regelmäßig geben wir uns eine ›Auszeit‹, das heißt, so zirka einmal im Monat verbringen wir eine Woche alleine, jeweils in unserer eigenen Wohnung.
Und das ist insofern ein gutes Konzept, weil man wieder das eigene Territorium hat, weil man wieder zu sich findet, eintauchen kann, Ruhe hat, Menschen trifft, die der andere nicht so mag, die den anderen stören. Man genießt die Gewohnheiten, die für den anderen unangenehm sind. Zum Beispiel bin ich ziemlich rastlos in der

Nacht, ich telefoniere dann gerne mit Freunden rund um die Welt, und das würde ihn dann schon ein bisschen nerven. Also, einmal im Monat mache ich das ganz gern, und er kann auch seinem Junggesellenleben nachgehen.

Ich halte das für total richtig und ich merke, dass es uns gut tut. Ich hoffe sehr, dass wir das in irgendeiner Form auch durchziehen können, wenn wir ein Kind haben. Und ich glaube, gerade dieses Konzept hat den Rolf ganz besonders an mich gebunden, weil er gemerkt hat, ich will ihn nicht rumkriegen oder einfangen und dann an ihm kleben, sondern ich denke mir was, ich habe wirklich ein Konzept. Ein eigenes und ein gemeinsames. Und das ist meiner Meinung nach das Allerwichtigste, was wir als Frauen haben müssen, ein allumfassendes Konzept für unser Leben.

Mir war schon ziemlich früh klar, dass ich aus dem Leben meiner Eltern unglaublich viele Schätze mitgenommen habe. Diese Idee von Freiheit, diese Idee des Loslassens, diese Idee der Eigenständigkeit. Nur weiß ich nicht, der Punkt der sexuellen Freiheit, den finde ich etwas irritierend, das brauche ich nicht. Wir sind ja noch total verliebt und glücklich miteinander. Vielleicht sehen wir das in fünf, sechs Jahren ganz anders. Unser Konzept ist aber doch, dass wir zusammen bleiben und andere Partner ausschließen wollen. Heute kann ich es mir nicht vorstellen, dass wir davon abkommen, aber alles ist möglich.

In Bezug auf unser Kind haben wir natürlich auch sehr konkrete Vorstellungen. Ich will es sehr frei erziehen. Meine eigene Erfahrung ist, dass man einem Kind damit nichts verschließt. Nicht einmal Berufschancen, interessanterweise. Wenn man liest, dass die Superfirmen heute gar nicht mehr die braven gestylten Wirtschaftsabsolventen suchen, sondern eher die Philosophen, die Künstler und so weiter haben wollen, dann liegt das eigentlich ganz auf meiner Linie.

In Wirklichkeit habe ich mir selber so viel Kreatives von überall geholt. Ich habe an der Wirtschaftsuniversität fast nichts Brauchbares gelernt, das war nur ein Qualifikationszettel, den man eben braucht. Und zunehmend begreifen die Leute das. Also insofern wird unsere Gesellschaft vielleicht aufgeschlossener für Abenteuer. Da steht uns noch eine ganz interessante Reise in die Zukunft bevor – so uns geopolitisch gesehen diese Zukunft gestattet wird.

Ich betrachte mich absolut als Feministin. Im Grunde ist das die Mitgift meiner Mutter. Meine Mutter hat sich immer für sich selber und für andere Frauen eingesetzt. Und das hat ihr ein unglaubliches Charisma gegeben.

Meine Mutter hat eine super Ausstrahlung. Sie ist eine starke Frau, sie kuscht nicht, sie duckt sich nicht und sie bewundert nicht blind die Männer, sondern sie schaut immer hinter die Kulissen, was wirklich abläuft. Das hat mich immer beeindruckt. Hingegen diese gestylten Mäuschen, die da auf ›Superwoman‹ machen so in die Richtung Karrierefrau, die alles schaffen, damit konnte meine Mutter nie etwas anfangen. Und ich glaube, es ist den meisten Frauen heute klar, dass wir ganz andere Wege gehen müssen.

Lustig ist es für mich zu beobachten, dass Rolf manchmal so leichte Sehnsuchtsattacken kriegt in Richtung geordnete Welt, Stabilität, Sicherheit. Ich frage mich manchmal, ob dieses brave Vorstadtmodell, wo man immer meint, es sind die angepassten Hausfrauentypen, die es vorantreiben, ob dieses Modell nicht vielleicht von den Männern ausgeht. Sicher, Komfort und Routine haben Vorteile, sind bequem. Aber ich zweifle nie an unserem Konzept. Es tut uns beiden gut, es hält uns in Schwung, hält uns wach. Aber ich beobachte, dass Männer heute ziemlich verunsichert sind – das sieht man schon daran, dass es sogar Rolf manchmal erwischt. Frauen, die kein Vorstadthäuschen brauchen und nicht kleben, sind schwerer zu kalkulieren. Es ist eine ambivalente Sache. Einerseits waren die Männer früher immer die Gefeierten und haben vorgegeben, wo es lang geht. Aber das hat ihnen dann ja auch nicht mehr behagt, sie haben sich ganz gern Belastungen abnehmen lassen. Nun erkennen sie, dass diese neue Art des Teilens auch mit Verlusten verbunden ist. Klar, dass das eine gewisse Unsicherheit hervorruft. Männlichkeit ist ja immer mit Macht zusammengegangen, und wenn das eine bröckelt, dann automatisch das andere auch. Vorübergehend.

Also ich bin da ganz zuversichtlich, ich fühle mich wohl und habe auch die Kraft, mich für meine Weltsicht und für meine Beziehungsgestaltung einzusetzen. Ich weiß auch, dass Rolf stolz ist auf seine außergewöhnliche Frau, denn das bin ich in seinen Augen und in den Augen seines Umfelds. Und das ist ein Blickwinkel auf mich selber, der mir gut tut.

Genauso sehe ich mich, und genau das möchte ich an meine Kinder weitergeben. Nur so können wir die Welt verändern. Ich glaube auch, dass die Art und Weise, wie wir unsere Beziehungen gestalten, ein ganz wichtiger Baustein sein kann für die Veränderung der Welt. Mir macht das Leben, so wie wir es leben, enorm viel Spaß.

Mein nächstes Ziel ist es, mich aus dem Agenturleben ein bisschen herauszuziehen und frei zu arbeiten. Ich möchte weniger gebunden sein. Ich möchte mehr reisen und in internationale Teams hinein.

Da ist Rolf schon ein bisschen bodenständiger und ängstlicher, und es wird ihm sehr gut tun, Erfahrungen zu sammeln in einem ganz anderen kulturellen Hintergrund, mit ganz neuen Erlebnissen. Er ist da komplett anders erzogen worden als ich.

Wenn wir meine Familie besuchen, ist es jedes Mal ein Ausflug wie in die Serengeti. Das ist für ihn freie Wildbahn – Exotik pur. Ich muss immer sehr lachen über seine Fragen oder über sein Erstaunen, denn man kann dann sehen, dass unsere Ehe sein Leben ganz schön auf den Kopf gestellt hat. Er liebt dieses Unvorhersehbare, das Überraschende. Wir haben keinen Lebensstil, der selbstverständlich ist, ein Maß an individueller Bewegungsfreiheit ist vorgesehen.

Ich hoffe, dass wir bald Glück haben mit einem Kind, das ist mein allergrößter Wunsch. Wenn ich an meine Zeit in Indien zurückdenke und an meine Arbeit dort, das Schönste war, mit den Kinder gemeinsam etwas zu tun und die Kinder erleben zu dürfen. Ich glaube, die Beziehung zu einem Kind ist die intensivste und schönste, die man überhaupt haben kann.«

Konventionen haben den Sinn, Dinge zu regeln. Aber sie haben den Nebeneffekt, Dinge zu verdecken. Wenn wir Britas Geschichte ganz nüchtern betrachten, können wir es auch so interpretieren: Kind aus exzentrischer Familie, in alternativem Wertsystem aufgewachsen, findet

nach kurzer Aufmüpfigkeitsphase inklusive Indienaufenthalt zurück an den Busen der Mittelschicht. Studium. Job. Ehe. Treuegelöbnis. Kinderwunsch. Jede »Gutbürgerfamilie« hätte Freude an einer solchen Tochter.
Der Unterschied liegt im Wort, das Brita oft und gerne verwendet: im Wort »Konzept«. Ein Konzept ist so etwas wie eine demokratisierte Konvention.
Der Rat eines Arztes muss nicht schlecht sein. Mündige Patientin zu sein bedeutet nicht, dass wir prinzipiell und partout das Gegenteil von dem tun, was unser Arzt oder unsere Ärztin uns rät. Mündig sein heißt nicht, dagegen zu sein aus Prinzip. Es heißt dagegen viel eher, vom blinden Gehorsam abzusehen. Mündige Patienten stellen Fragen. Wenn es sich um eine schwer wiegende Entscheidung handelt, holen sie bei einem anderen Arzt eine zweite Meinung ein. Sie gehen ins Internet und stellen eigene Nachforschungen an. Sie kaufen sich das Buch »Bittere Pillen« und schlagen darin das Medikament nach, das ihnen verschrieben wurde. Vielleicht nehmen sie es. Vielleicht nehmen sie es sogar dann, wenn es Nebenwirkungen hat, weil sie in Anbetracht aller Fakten zur Meinung gelangen, dass dies die bessere Entscheidung ist.
Ähnlich verhält es sich mit den Konventionen – nicht automatisch sind sie alle richtig und gut, aber ebenso wenig automatisch sind sie alle schlecht, falsch oder bieder und somit grundsätzlich und ohne Prüfung abzulehnen.
Brita verkörpert für uns so etwas wie die reflektierte Konvention. Das gefällt uns, und derselbe Weg ist durchaus machbar für jede von uns. Dabei können wir mitunter entdecken, dass schon relativ geringfügige Ab-

weichungen uns deutlich glücklicher machen können. Weil sich dann die Konvention an uns angepasst hat, statt wir uns an die Konvention.

I Did It My Way

»I Did It My Way«, singt Frank Sinatra, zufriedenes Eigenlob eines Mannes, der immer seinen Weg gegangen ist, seinem Wesen immer treu blieb.

Rar ist die Frau, die sich dieses Lied zur Hymne machen könnte. Für Frauen müssten wir es anders formulieren. »Ich ging meinen Weg – nach vielen Umwegen.« »Ich ging meinen Weg – ein Stück weit, und dann kam ich davon ab, und dann fand ich wieder zurück, und dann überlegte ich es mir anders, und schließlich besann ich mich wieder darauf ...«

Ein Lied mit vielen Strophen müsste es zumal sein, um der typischen Vorgehensweise von Frauen gerecht zu werden. Zumindest was die heute über 35-Jährigen betrifft.

Die jüngeren Frauen stolpern zwar auch – erstaunlich schnell mitunter –, aber sie finden schneller wieder zu ihrem Weg zurück. Sie haben die Hände fester am Lenkrad. Und wenn sie in Gefahr geraten, vom Weg abzukommen, gedankenlos die alte Route zu nehmen statt ihr aktuelles Ziel anzufahren, dann können sie sich an weit mehr Ortstafeln orientieren, als das für frühere Frauengenerationen der Fall war.

Interessant ist, dass mittlerweile auch die Männer dieser Frauen sie zu Kurskorrekturen bewegen. Das ist ein großer Unterschied zu früher. Mittlerweile haben viele

Männer erkannt, wie nachteilig es auch für sie ist, wenn ihre Partnerin die innere Richtung verliert.

Helen ist 38 Jahre alt. Sie ist gelernte Übersetzerin für Russisch, Schwedisch und Finnisch. Ihr Mann, ein ehemaliger Manager, ist 55. Sie haben zwei Jungen, 14 und 16 Jahre alt.

Drei kleine, flapsige englische Worte, im Streit gesprochen, haben Helens Leben verändert. Sie war klug genug, den ersten Schock zu überwinden und zu begreifen, dass ihr Mann die Wahrheit sprach. Eine Wahrheit, an der er nicht ganz unbeteiligt war. Eine Wahrheit, die er vielleicht auch früher und freundlicher hätte mitteilen können. Aber nichtsdestotrotz, eine Wahrheit. Brauchen Frauen manchmal einen Prinzen, nicht, um sie wach zu küssen, sondern um sie wachzurütteln?

»Ich bin ein Adoptivkind. Ich komme ursprünglich aus Rumänien, aber ich bin von einer finnischen Familie adoptiert worden. Ich bin in Finnland aufgewachsen und meine Kindheit und meine Jugend waren so schön, so leicht – es war alles so selbstverständlich. Als Mädchen in Finnland aufzuwachsen hat den Vorteil, dass man sich fast in einem geschlechtsneutralen Raum bewegt. Ich wuchs auf mit dem wunderbaren Gefühl, dass grundsätzlich wirklich alles möglich ist. Das ist mir damals gar nicht so sehr aufgefallen; erst rückblickend, in den letzten 15 Jahren, die ich fest in Deutschland gewohnt habe, ist mir das richtig zu Bewusstsein gekommen.

Ich habe mein Studium dann in Schweden absolviert. Ich hatte Russisch schon in Finnland durch meinen Adoptivvater, der halber Russe ist, gelernt. Finnisch und Schwedisch habe ich als akademische Übersetzerin gemacht. Es waren Sprachen, die mir dann sehr zugute kamen in meiner Berufstätigkeit. Ich habe anschließend bei einer offiziellen Mission, als ich für Naturwissenschaftler im Rahmen eines Kongresses übersetzt habe – es war ironischerweise mein erster Job –, meinen Mann kennen gelernt. Ingo ist Hamburger. Auf den ersten Blick vielleicht sehr passend – auch eher nordisch, ein bisschen zugeknöpft. Wobei aber die Skandinavier nicht auf die deutsche Art und Weise zugeknöpft sind; wir sind viel weltoffener, freier als die Norddeutschen.

Wir haben uns Hals über Kopf ineinander verliebt, und Ingo war so verrückt. Er hat mich mit Rosen verfolgt, also es war wirklich eine unglaubliche Geschichte. Schon bei den ersten Begegnungen hat er ständig Blumensträuße aufs Hotelzimmer geschickt – in meinem Zimmer hat es schon ausgeschaut wie in einem Beerdigungsinstitut –, er hat Dinge getan, die man eigentlich nur aus Filmen kennt, ich kann sie alle gar nicht wiedergeben, aber er hat mich im Sturm erobert. So etwas hatte ich noch nie erlebt. Und wir haben nach sechs Monaten – übrigens gegen den dezidierten Willen meiner Familie – geheiratet.

Es waren alle ziemlich entsetzt. Ich war ja das einzige Kind, das Wunschkind. Alle hatten ihre Hoffnungen in mich gesetzt und waren fassungslos, dass ich Hals über Kopf nach Deutschland verschwand. Und nicht nur das. Ich war nach weiteren sechs Monaten das erste Mal schwanger. Ich hatte dann aber mehrere Fehlgeburten, und jetzt haben wir zwei Buben, die mittlerweile voll in der Pubertät stecken.

Unsere Beziehung ist mit der Zeit dann eigentlich anders verlaufen als erwartet. Natürlich – das war ja vorhersehbar – ist das Ganze abgekühlt, und ich habe ziemlich bald begriffen, dass dieser leidenschaftliche Level, diese hoch emotionalisierten Zustände sich nicht in den Alltag packen lassen. Das Verrückte war, dass ich lange Zeit irgendwie so in einem Zustand des halben Dämmerns gelebt habe. Das muss man sich vorstellen, mitten in meinen 20er-Jahren habe ich nicht in einen Job investiert, sondern ich habe intensiv darüber nachgedacht, wie ich meine Beziehung, die so ›high-flyer-mäßig‹ gestartet war, wieder in diese lichten Höhen hieven kann.

Mein Mann war mittlerweile total absorbiert von den neuen technologischen Herausforderungen in seinem Konzern; er ist die Karriereleiter ziemlich hoch geklettert. Ich war natürlich mit den Kindern beschäftigt, aber in einer Art und Weise, die mich ziemlich aufgeregt hat. Wenn ich mir vorstelle, dass die Schule eigentlich ganz wenig Verantwortung übernommen hat und ich nachmittags immer mit meinen Söhnen über die Hausaufgaben stritt ... Das war bei uns in Finnland ganz anders gewesen. Wir sind heimgekommen und waren dann wirklich frei. Es war alles erledigt, bis auf ein paar wenige Lernsachen.

Na gut, das war die Situation. Mein Mann war zwar weiterhin relativ aufmerksam und sehr lieb und sicher hat er mich weiterhin über alles geliebt. Aber mein Leben pendelte zwischen Wolfram Siebecks Sommermenüs und dem ›Studium der Guten Küche‹, einem Kochbuch von einem österreichischen Haubenkoch. Das war damals gerade ein Bestseller. Das muss man sich einmal vorstellen! Ich habe versucht, geschichtete Rehpastete und Hechtfarce herzustellen oder Artischocken gefüllt oder

Wurzelkarpfen mariniert. Es war ein heller Wahnsinn, diese Zeit. Meine Familie war ganz schön verwöhnt. Ich glaube, nach außen hin waren wir so etwas wie eine Bilderbuchfamilie, aber irgendwann fiel mir die Decke auf den Kopf, und ich war so unglücklich, dass mich eigentlich keine Art der Zuwendung mehr für mein eigenes Leben, das mir irgendwie entronnen war, hätte entschädigen können.

Dann kam es natürlich zu heftigen Auseinandersetzungen. Mein Mann hat überhaupt nicht verstanden, warum ich dauernd verstimmt war. Ich hatte so was wie depressive Verstimmungen, ich habe mich über unseren Urlaub aufgeregt, mir hat das Haus nicht mehr gefallen, ich wollte ständig etwas ändern. Vom Möbelrücken angefangen bis zu den Vorhängen, alles sollte anders sein, und als ich irgendwann auch gesagt habe, unser Auto gefällt mir nicht mehr – wir sind einen großen Van gefahren, wo wir alle gut hineinpassten –, weil ich den Motor zu laut finde, da ist er richtig ausgerastet und hat gemeint, irgendwas sehr Grundlegendes sei mit mir wohl nicht in Ordnung, und ich müsste einfach schauen, dass ich ein eigenes Leben bekomme. ›Get a life!‹, hat er mich ungeduldig angefahren. Ich war geschockt – er auch, glaube ich. Denn dieser Satz kam ziemlich hart herüber.

Dieser Vorfall hat mich wachgerüttelt. Und ich finde rückblickend, sein Verhalten hat sehr für ihn gesprochen, weil für ihn ja im Grunde alles in Ordnung war. Ich habe mich um alles gekümmert, wir hatten Geld in ausreichendem Maß, ein Zusatzgehalt durch meine Arbeit war nicht notwendig. Dass ihm die Situation und mein ständiges Gequengel so auf die Nerven gegangen

sind und er endlich einmal mit voller Ehrlichkeit reagierte, statt mich zu beruhigen und zu beschwichtigen wie sonst immer, das war für mich ein ganz wichtiger Wendepunkt. ›Kümmere dich um ein eigenes Leben‹ – das hat meine Situation in aller brutalen Deutlichkeit zusammengefasst. Genau. Ich lebte eine Art Fußnotendasein, aber kein eigenes Leben.
Ich habe dann wieder angefangen zu lesen, richtige Bücher, also mich von der Kochbuchlektüre zu emanzipieren. Ich habe wieder angefangen mich mit Philosophie zu beschäftigen, das hat mir schon früher unglaublich viel Spaß gemacht. Das ist natürlich eine existentielle Sache, und da bin ich auf Kant gestoßen, der sagt, dass sich nicht nur das Bewusstsein nach den Dingen richtet, sondern auch die Dinge nach dem Bewusstsein. Das war für mich auch eine ganz wichtige Überlegung: Wie sehr die Dinge miteinander zusammenhängen. Also für mich war völlig klar, ich muss aus dem Ganzen raus. Erst dann, wenn ich wieder ein eigenes Leben habe, kann ich sehen, wie kraftvoll unsere Beziehung überhaupt noch ist und wie das alles weitergehen soll.
Ich habe mich dann gezwungen, morgens, wenn alle aus dem Haus waren, mich anzuziehen und nicht mehr im Morgenmantel herumzuhängen. Ich habe die Sachen im Haus in Windeseile erledigt, und dann bin ich, so angezogen, als ob ich in ein Büro gehen würde, hinausgegangen in die Bibliothek, um mir Fachzeitschriften zu holen, um zu schauen, wo es Stellenangebote in meiner Sparte gibt. Ich habe dann auch wieder ehemalige Freunde in internationalen Organisationen besucht und bin sehr schnell wieder ins Kongressgeschäft hineingekommen. Meine speziellen Sprachen waren gut dafür.

Ich habe überraschend ein Angebot bekommen, in Brüssel zu arbeiten und, um es kurz zu machen, ich bin dann – das war zuerst nur eine Projektarbeit – drei Tage in der Woche hin und her geflogen, also ich war zwei Tage zu Hause und drei in Brüssel. Ich habe das so organisiert, dass ich das Wochenende zu Hause anhängen konnte, also in Wirklichkeit war ich dann vier Tage zu Hause.

Langsam ist dann meine Familie in eine ganz selbständige Einheit hineingewachsen. Wir haben das vom Management ganz gut betreiben können. Mein Mann konnte ja eigentlich wenig sagen, weil die Devise ›Get a life‹ ja seine Losung gewesen war, bitte sehr. Dass es dann eine so radikale Wende geben würde, daran hat er sicher nicht gedacht. Aber mich hat das unglaublich glücklich gemacht.

Ich habe auf einen Schlag eine absolute Transformation durchgemacht, ich bin eine andere Person geworden. Auch optisch. Ich habe mir die Haare schneiden lassen, ich habe ein anderes Styling entwickelt. Ich habe mir plötzlich ein anderes Auftreten und Sprechen zugelegt, ich habe andere Ideen gehabt, ich war innerhalb von wenigen Monaten eine andere Person.

Und natürlich gab es dann relativ schnell Krisen, weil viele Dinge nicht mehr so geklappt haben wie früher. Die ehemals reibungslose Alltagsroutine war plötzlich ganz schön holprig, der Familienmotor ist ins Stottern gekommen. Aber mein Mann, der ja doch ein Vernunftmensch ist, hat gefunden, dass wir das aushalten. Wir haben alle gesehen, dass mein Job ein unglaubliches Potential hat, dass es eine tolle Chance für mich ist. Wenn ich allerdings um fünf Uhr früh zum Flughafen gefahren

bin, habe ich mir manchmal dann doch selber ein bisschen Leid getan: Bei jedem Wetter, in jeder Situation, ich musste einfach raus. Ein Glück, dass alle dahinter standen. Wenn sie mich bekämpft hätten, ich weiß nicht, ob ich nicht schwach geworden wäre.
Dann kam es zu einem sehr dramatischen Einschnitt. Die Firma meines Mannes hat ganz massiv gekündigt. Er war in einem Alter, in dem die Leute auch auf den mittleren und gehobenen Management-Ebenen frühpensioniert wurden. Er ist zwar abgesichert abgeschoben worden, aber es war trotzdem ein unglaublicher Schock für ihn. Jetzt war es natürlich schon super, dass zumindest unser materielles Niveau nicht gesenkt werden musste, weil ich ja auch ausreichend verdiente.
Da sind dann immer wieder so Meldungen aus dem wohlmeinenden Umfeld gekommen von wegen: ›Ja wie verkraftet er das denn, du erfolgreich und als Alleinverdienerin?‹ Aber nein, damit hatte er keine Schwierigkeiten. Wobei es schon auch völlig klar war, dass das nicht unbegrenzt so funktionieren würde, weil er einfach nicht der Typ ist für die Frühpension.
Da hat mein Mann dann die Idee gehabt, er will sich selbständig machen, aber er will nicht den klassischen Consulting-Weg gehen. In mir hat es auch zu arbeiten begonnen, und ich habe dann ein Konzept entwickelt, das er verfeinert hat. Es war so, dass wir für die Länderschwerpunkte, wo ich eben in den Sprachen qualifiziert bin, Angebote machen aus seinem Bereich. Wir haben eine kleine Firma gegründet, und ich muss sagen, unser Unternehmen funktioniert jetzt in einer Art und Weise, wie man es gar nicht erwarten würde in Zeiten der großen Wirtschaftskrise. Ich habe schon ein bisschen

Bauchweh gehabt, meine Brüssel-Sache aufzugeben, nach Hamburg zurückzugehen, die ganze Firmengründung mit meinem Mann durchzuziehen. Übersetzer geraten ja leicht in die Gefahr, so eine Art Hintergrundstaffage zu sein, und noch dazu ist er älter, und er ist der Mann, und er ist ja in diesem technischen naturwissenschaftlichen Bereich, in dem wir uns bewegen, der Kompetente, er hat die Expertise.

Aber ich muss sagen, dass er eine wunderbare Art entwickelt hat im Umgang mit dieser Sache und auch so etwas wie ein Rollenmodell geworden ist für unsere Geschäftspartner. Er stellt mich immer als seine Partnerin vor, er spricht immer in der Wir- Form, auch bei Projekten, die ausschließlich er entwickelt hat; er fragt mich in den Gesprächen um meine Meinung, und es entsteht in den Sitzungen und Konferenzen, die wir haben, eine komplett andere Stimmung. Er sagt, dass es ihm schon ganz komisch vorkommt, wenn diese Männerteams auftreten, ohne dass eine Frau dabei ist, die etwas zu sagen hat. Wir haben das mittlerweile oft diskutiert. Selbst wenn qualifizierte Frauen bei den Verhandlungen dabei sind, also, Frauen, die offensichtlich die Arbeit mittragen, die kompetent sind, viele Ideen haben oder auch überhaupt die Erfinderinnen des jeweiligen Vorhabens sind, nehmen sie sich entweder selbst sehr zurück oder sie werden an den Rand gedrückt. Ich weiß nicht, was da zuerst kommt. Ob sie sich so bedeckt halten, weil sie schon die Erfahrung machen mussten, dass sie sowieso abgedrängt werden und sich gewisse Peinlichkeiten in der realen Situation dann ersparen wollen? Ich habe keine Ahnung.

Ich glaube aber, die wahre Emanzipation der Frau muss

jetzt in der Öffentlichkeit stattfinden, davon bin ich überzeugt. Die ganze Emanzipationsgeschichte ist eine Selbstverständlichkeit, die schon in meiner Generation eigentlich kein Diskussionspunkt mehr war, und ich war eigentlich überrascht, als ich nach Deutschland gekommen bin, wie klassisch hier noch alles ist und mit welchen Fragezeichen die Berufstätigkeit der Frauen versehen ist.

Also die Selbstverständlichkeit, die ich als Kind kennen lernte, ist noch überhaupt nicht da. Und dann, wenn man sich die Frauen anschaut, die berufstätig sind, wie sehr sie sich zurücknehmen, wie sehr das Ganze noch eigentlich den Charakter des Unerlaubten, des Privilegs hat. Und gerade Frauen, die sehr gut sind, die sehr qualifiziert sind, versuchen sich immer noch so zu geben, dass sie bloß nicht in den Verdacht kommen, mit ihren Fähigkeiten aufzutrumpfen. Das finde ich unglaublich schade. Dadurch wird natürlich den Herren immer der gesamte Raum zugestanden; im Grunde mehr Raum, als ihnen tatsächlich gebührt, und auch mehr, als ihnen und der Sache unbedingt gut tut. Das ist mein Resümee, jetzt, nachdem ich so intensiv in der Businesswelt unterwegs bin.

Mir ist dann mit der Zeit aufgefallen, dass irgendwas an meinem Mann sich verändert hat. Er war derartig zuvorkommend, vorauseilend sogar, er hat versucht, mir Wünsche zu erfüllen, bevor ich sie überhaupt nur geäußert habe. Ich habe gespürt, irgendetwas ist komisch, fast als ob er ein schlechtes Gewissen hätte, und es hat sich dann herausgestellt, dass er eine Affäre begonnen hat mit einer jungen Dame, die für die technische Abwicklung eines Projektes mit einer Partnerorganisation zuständig war. Sie war – und ist – eine sehr aufregende ungarische Ökonomin, sehr sexy, und ganz neidlos muss ich sagen, sie ist auch noch gescheit – und ja, über kurz oder lang ist das natürlich herausgekommen. Ich bin darauf gekommen, als diese Affäre schon seit ein paar Monaten lief. Im ersten Moment war ich sprachlos, es war ... Ich weiß gar nicht, wie ich diesen Zustand beschreiben soll. Es war einfach fürchterlich!

Aber dann habe ich mir gedacht, ich lasse mich jetzt nicht in irgendwelche Abgründe hineinziehen, obwohl das sehr verführerisch war. Ich war ja eigentlich diejenige, die da jetzt in der rechtschaffenen Position war und die Situation ganz gut hätte für sich ausschlachten können, aber das wollte ich nicht.

Ich habe dann eine Pro-und-Contra-Liste aufgestellt, das mache ich immer, solche Listen sind meine Leidenschaft. Ich habe mir auf der Haben-Seite aufgeschrieben, was spricht für unsere Beziehung, und auf der Minus-Seite habe ich mir aufgeschrieben, was nicht so gut läuft und was eigentlich dagegen spricht. Und ich muss sagen, das war für mich auch eine sehr illuminierende Recherche, ein interessantes Ausleuchten meines Innenlebens. Da ist es gar nicht mehr so sehr um die Beziehung gegangen in unserem Leben, sondern vielmehr um dieses gemeinsame Business, um dieses gemeinsame Werk, das wir da betrieben haben und das wir uns aufgebaut haben. Das war fast wie ein drittes Kind. Und ich habe mir gedacht, so wie bei einer Trennung die Kinder nicht auf der Strecke bleiben sollen, soll auch dieses Geschäft, das wir aufgebaut haben, nicht auf der Strecke bleiben. Egal, wie es mit uns weitergeht, wir müssen versuchen, den

Trümmerhaufen so klein zu halten wie nur irgendwie möglich.
Ich bin dann doch, weil mir alles zu viel geworden ist, eine Woche weggefahren, in ein Hotel – eine Art Beautyfarm – und habe mich dort besinnungslos verwöhnen lassen. Ich war da von vielen Frauen umgeben, die in Wirklichkeit überhaupt kein Leben hatten, die sich dort einen Lebensersatz geholt haben und die nur mit Äußerlichkeiten beschäftigt waren. Um sich abzulenken, diesen Eindruck bekam ich, vor ihren Angstzuständen, weil sie sich so abhängig fühlten – von ihren Männern, von ihrer Situation und weil sie auch spürten, wie unsicher ihre Situation war, weil sie einfach auch auf Dinge gesetzt hatten, die sie nicht weitergebracht hatten. Also im Grunde war die Beobachtung dieser Frauen ein recht illuminierendes Erlebnis.
Ich bin nach dieser Woche dann mit vollen Energien zurückgekehrt und habe meinem Mann gesagt, wie ich mir die Situation vorstelle. Ich wollte ihn nicht fragen, ob er diese Affäre weiterführen möchte; den Zeitpunkt, um sich zu entscheiden, musste er wählen, fand ich. Ich habe ihm gesagt, solange er mit dieser Frau zusammen ist, sehe ich nicht, wie wir ein gemeinsames Leben führen sollen, und dass ich seine Entscheidung respektiere, aber dass er unter diesen Umständen selbstverständlich unser Zuhause verlassen muss, dass wir selbstverständlich unsere Arbeit fortführen – das ist ja die finanzielle Basis –, dass wir weiterhin zusammenarbeiten, dass ich von ihm erwarte, dass er für die Söhne da ist. Ich habe ihm gesagt, dass ich von ihm erwarte, dass er mit den Kindern spricht, natürlich gemeinsam mit mir, aber dass wir ein gemeinsames Konzept überlegen, wie wir

ihnen die Situation präsentieren. Sie sehen ja, dass Scheidungen Alltag sind, auch in ihrer Klasse. Es wird sie zwar treffen, weil sie ja doch irgendwo in einer Familienidylle gelebt haben und Kinder meistens nicht erwarten, dass es ausgerechnet sie treffen wird, das ist bestimmt so was wie ein Schicksalsschlag. Ich habe ihm das alles sehr klar und sehr ruhig vermittelt, und er war ziemlich fassungslos. Er hat zu allem ja gesagt, sofort ja gesagt.

Wenn ich ganz ehrlich bin, habe ich natürlich schon irgendwie die Hoffnung gehabt, dass er sich dagegen stellt und irgendwo fleht und sagt: ›Helen, ich bleibe bei dir, du bist die Einzige, es war alles nur ein Riesenirrtum‹, aber so war es nicht.

Nach einigen Tagen hat er zu mir allerdings gesagt, er sei erstaunt, dass ich nicht um ihn kämpfe. Ich sagte: ›Was hätte das verändert? Hättest du dann Abstand genommen? Hättest du dann deine Beziehung abgebrochen und wärst du dann reumütig zurückgekehrt?‹ Er meinte, er wisse es nicht, aber er hätte dann zumindest die Möglichkeit gehabt zu sagen, er will unsere Ehe retten. Und ich habe darauf geantwortet: ›Ja, und dann hättest du die Beziehung so unter der Decke fortgeführt.‹ Darauf meinte er, er wäre nicht der erste Mann, der so handelt, aber ich würde es ihm ja nicht möglich machen, wenn ich nicht bereit sei, die Augen auch nur kurz zu schließen. Was soll man darauf sagen? Da hat er Recht.

Ich glaube, die Lösung, die wir jetzt gefunden haben, ist eine sehr glückliche Lösung in Anbetracht der Umstände. Ich bin selber erstaunt, dass ich nicht in dem Ausmaß verletzt bin, wie ich es vielleicht sein sollte. Ich bin nicht so zerstört, ich habe mein eigenes Leben, und das Gute ist vielleicht auch noch, dass ich mir in unserer Firma ja einen ganz eigenen Teil aufgebaut habe; dass ich die Präsentationen selbständig mache, weil ich eigentlich diejenige bin, die die meisten Außenkontakte hat. Es ist nicht so, dass wir zwillingslässig immer gemeinsam auftreten oder dass ich hinter ihm hertrotte, ganz im Gegenteil: Ich gehe hinaus, ich treffe die Geschäftspartner, ich gehe mit ihnen zum Abendessen und ich fühle mich sehr anerkannt. Ich weiß, ich bin attraktiv, ich komme gut an, viele versuchen, mich jenseits unserer Geschäftsbeziehung zum Ausgehen einzuladen. Irgendwo spüre ich, dass ich auch neugierig bin auf ein neues Leben. Auf ein Leben jenseits meiner Ehe, obwohl wir noch nicht geschieden sind. Aber so, wie das jetzt läuft, ist es eine geglückte Übergangslösung, würde ich meinen.«

Schwer, schwer lastet die Geschichte auf uns. Oder vielleicht sind es biologische, biochemische, neurologische Tendenzen, wer weiß. Und wen kümmert es? Es gehört zum Leben des Menschen, Hindernisse zu überwinden. Alle Leistungen und Erfolge sind mit Überwindungen verbunden. Wir lernen nicht gerne für Prüfungen, machen nicht gerne Hausaufgaben, stehen nicht gerne frühmorgens auf, um in die Kälte oder den Regen hinauszugehen. Täglich, stündlich, überwinden wir die innere Bequemlichkeit, um die Dinge zu tun, von denen wir wissen, dass wir sie tun sollen, tun müssen, dass sie uns weiterbringen. Sogar die Ehrgeizigsten unter uns müssen ihren inneren Schlendrian überwinden. Warum soll es für Frauen anders sein? Sie müssen, zu allem Überfluss, auch noch ankämpfen gegen eine Welt, die ihnen ständig die Versuchung bequemer, scheinbar ehrbarer Ausreden aufdrängt.

»Ich muss mich in erster Linie um meine Kinder kümmern« – und bei genauerem Hinsehen stellt sich heraus, dass das vor fünf Jahren zugetroffen haben mag, dass die Kinder mittlerweile im Internat sind und nur am Wochenende daheim.

»Mein Mann verdient genug«, hätte Helen sich sagen können. »Ich verwöhne lieber meine Familie, als mich abzuhetzen. Ich biete meinen Kindern ein kuscheliges Zuhause, inklusive Gourmetmenüs.«

Spinnen wir fort, was geschehen wäre, wenn sie nicht in Depressionen verfallen wäre, wenn ihre Depressionen ihren Mann nicht genervt hätten, wenn er nicht schließlich die Geduld verloren und ihr eine harte Wahrheit ins Gesicht geschleudert hätte: »Get a life«. Wenn sie sich nicht, Schritt für kleinen Schritt, aus dem Sog der Domestizität geschleppt hätte – anziehen, als ob es einen Grund dafür gäbe, den ganzen Tag nicht im Morgenmantel zu verbringen, als ob man nicht eine erwachsene Frau in der Blüte ihrer Jahre wäre, die keinen Grund hat, den Morgenmantel jemals abzulegen. In die Bibliothek gehen. Annoncen lesen. Alte Freunde aufsuchen. Das mag leicht klingen, aber es ist nicht leicht. Schwer ist das – wer es jemals versucht hat, weiß es. Einen Lebenslauf verfassen. Die Lücken schwarz auf weiß vor sich zu sehen, im vollen Bewusstsein der Reaktion, die sie bei einem Personalchef auslösen werden. Die Annoncen studieren und dabei die Konkurrenz erahnen – die jüngeren, die mit dem lückenlosen Lebenslauf und dem depressionsfreien Auftreten. Dann die alten Freunde. Die Gespräche, die irgendwann von der dahinplätschernden Belanglosigkeit hingebogen werden müssen zum pragmatischen Grund. »Ich suche einen Job. Ich ruf dich nach drei, nach fünf, nach sieben Jahren wieder an, weil ich einen Job suche.«

Und wenn sie das alles nicht getan hätte, sich das alles nicht zugemutet hätte, was wäre dann?

Dann bleibt einer Frau, deren Mann ein Verhältnis eingeht mit einer schönen, gebildeten, intelligenten Rivalin – oder mit einer strohdummen, simplen, mit einer, wo der Freundeskreis loyal und einstimmig sagt, was sieht er bloß in der? –, dann bleibt einer solchen Frau nur noch die Angst. Die Existenzangst. Eine solche Frau muss um ihren Mann kämpfen. Sie muss die Augen schließen, kurz oder lang oder ständig, und hoffen, dass er sich für sie entscheidet oder wenigstens, dass er sie belügt und ihr den Status der Betrogenen, aber weiterhin Verheirateten und Versorgten, lässt. Eine solche Frau hat nicht den Luxus, eine Liste zu schreiben und zu überlegen, ob sie die Beziehung überhaupt noch will.

Als »geglückte Übergangslösung« beschreibt Helen ihre Situation, und wir finden es interessant und aufschlussreich, dass »Glück« in diesem Ausdruck enthalten ist. Ist das Glück jemals ungetrübt? Im wirklichen Leben selten. Ersehnte Schwangerschaften, geliebte Kinder machen glücklich, aber dann gibt es auch noch die ungewollten Schwangerschaften und die innig gewollten Schwangerschaften, die in Fehlgeburten enden, und die großen Sorgen, die einem die geliebten Kinder machen. Es gibt die verwöhnten, sorglosen Ehefrauen wohlhabender Männer, bis man sie unvermutet ungeschminkt in der Beautyfarm vor sich hat und ihre Angst erlebt.

Eine geglückte Übergangslösung – mehr haben wir im Grunde nie.

Unser nächstes Beispiel ist jünger. Friederike ist 25 und gerade erst mit ihrem Medizinstudium fertig.

Bei ihr ist einiges beachtenswert: Das sanfte Abgleiten in beschönigende Rechtfertigungen, um ihr Abkommen vom Kurs vor sich selber und anderen besser darzustellen – das ist typisch für Frauen. Und die Umwelt spielt meist mit, begünstigt die Selbsttäuschung.

Dieses höfliche Akzeptieren beschönigender Fiktionen, wenn es darum geht, dass eine Frau von ihrem Lebensweg abkommt, ihre Talente wegwirft, ihre bisherige Investition in eine berufliche Zukunft verschleudert –, daran haben wir uns alle so sehr gewöhnt, dass der barsche Ton einer ehrlichen kritischen Meinung uns ganz schön erschreckt.

»Get a life.« Das lässt aufhorchen. Wo die sonstige Umgebung der Frau doch beruhigend zuflötet, wie gut und wie richtig es von ihr ist, alles für ihre Familie hintanzustellen. Wie normal, darüber manchmal ein bisschen traurig zu sein.

Mit einem barschen, ehrlichen »Get a life!« ist der Frau besser gedient. Es ist ein Freundschaftsdienst und Aufgabe eines Partners – der so etwas wie ein Kopilot in Sachen Lebensführung ist und ein Auge auf die Landkarte und die Route und eventuelle Fehler der Fahrerin haben muss –, in solchen Fällen entsprechend einzugreifen. Mit Blumensträußen und Valiumtabletten ist einer Frau nicht annähernd so gut geholfen.

Aber zurück zu Friederike.

Als wir die Interviews für dieses Buch planten, gingen wir von Kategorien aus. Eine Kategorie bildeten Paare,

die ihre Beziehung gut und ausgewogen meisterten. Dazu war uns Friederike genannt worden, und das sagten wir ihr eingangs auch. In Wahrheit war das ein bisschen anders.
Friederike bestätigte einmal mehr die erstaunliche Spielregel, die sich Steinchen für Steinchen auf unserem Interviewbrett ergab: Auch bei ihr erhielt das Leben erst dann die entscheidende Wende zum Guten, als sie jäh aus einem romantischen Schlummer gerissen wurde. Romantik und Glück – es ist wirklich erstaunlich, mit welcher Regelmäßigkeit diese zwei Begriffe für Frauen in einem Gegensatz zueinander stehen. Je mehr sich Frauen von romantischen Erwartungen und Versprechungen leiten lassen, desto unglücklicher verläuft ihr Leben. Je logischer und rationaler sie hingegen vorgehen, desto romantischer geht die Geschichte aus. Da hat ein Dämon die Hand im Spiel …
»Eine gute Beziehung – eigentlich witzig, dass dieses Interview unter dieser Überschrift läuft. Hätten Sie mich ein bisschen früher kontaktiert, ich hätte absagen müssen, denn da war ich am Rande eines Nervenzusammenbruchs. Aber durch dieses Tief bin ich durchgetaucht.
Ich wusste immer schon, dass ich Medizin studieren will. Und daran hat das Studium, das streckenweise sehr trostlos und sehr theoretisch ist, auch nichts ändern können. Ich habe mich mit Begeisterung hineingeworfen und bin fast in der Mindestzeit damit fertig geworden. Ich habe sogar ein Auslandsjahr in Südamerika eingelegt, und ich hoffe, dass mir das helfen wird. Jedenfalls spreche ich perfekt Spanisch und kann auch ein bisschen medizinische Praxis vorweisen.

Im dritten Studienjahr habe ich meinen Freund Heiko kennen gelernt, meine jetzige Beziehung. Er ist mir aufgefallen, weil er, obwohl alles so mechanisch war, immer kritische Fragen gestellt hat und immer um Verständnis bemüht war. Ich habe gespürt, da will einer wirklich Arzt werden. Im tieferen Sinn, und nicht, weil es ihm darum geht, toll dazustehen und Prestige zu haben.
Es hat auch nicht geschadet, dass er gut aussieht; und er ist ein super Sportler. Ich selber komme aus Tirol, bin eigentlich auf Schiern geboren – also wir haben sofort gut zusammengepasst. Gleich nachdem wir unser Studium abgeschlossen haben, sind wir zusammengezogen, also er zu mir, in meine kleine Wohnung. Er hat vorher in einem Studentenheim gewohnt. Solange wir Studenten waren und ein gemeinsames Ziel hatten oder jeder sein Ziel hatte, mit einem gemeinsamen Horizont, war alles gut.
Ich habe mir überhaupt keine Gedanken über die Beziehung gemacht, es war himmlisch, es war eigentlich perfekt. Ich habe immer auf Holz geklopft, wenn ich an unsere Liebesgeschichte gedacht habe. Und dann ist es eigentlich abrupt anders geworden. Wir waren fertig mit dem Studium, und ich habe keinen Turnus[6] bekommen. Natürlich nicht, war eigentlich ja abzusehen. Ich will unbedingt Neurologie machen – Psychiatrie und Neurologie –, weil mich das schon immer fasziniert hat, und ich will mit Leuten zu tun haben, die nicht so geradlinig sind. Ich habe dann angefangen Praktika zu machen, weil ein Turnusplatz eben nicht möglich war und ein Ausbildungsplatz sowieso auch nicht. Irgendwie habe

6 Assistenzarztstelle

ich dann gespürt, wie sich eine gewisse Rivalität eingeschlichen hat zwischen Heiko und mir.
Er hat ziemlich schnell einen Ausbildungsplatz bekommen. Er will Chirurg werden. Sein Vater ist ebenfalls Chirurg, und – Kunststück – er hat ihn natürlich in die Klinik hineinlanciert. Ich finde das objektiv gesehen unfair, auch wenn ich es ihm natürlich gönne. Witzigerweise, vielleicht aus einer Defensivreaktion heraus, hat er dann angefangen, die Rivalität auszuleben. Er hat das Gefühl entwickelt, dass ich das Interessantere mache. Da war zum Beispiel ein ganz bezeichnender Punkt: Wir waren bei Freunden zu einem spanischen Abendessen eingeladen. Es ist sehr lustig gewesen, und ich fühlte mich eigentlich sehr glücklich, weil ich zur Schlussfolgerung gelangt war, dass ich, obwohl ich noch nicht in den Startlöchern war für meine eigentliche Karriere, zumindest eine wichtige und tolle Vorarbeit machte mit den Praktika. Ich hatte an diesem Tag zum Beispiel meine erste Anamnese machen dürfen und das erste selbständige Aufnahmegespräch. Ich habe erzählt, wie das gelaufen ist und welche Gedanken ich mir gemacht habe. Und plötzlich ist Heiko aufgefahren und hat gesagt: ›Na ja, und ich habe einen Blinddarm operiert, das ist natürlich weniger spektakulär, das interessiert ja keinen, obwohl, da geht es eigentlich um Leben und Tod.‹
Irgendwie hat mich das erschreckt, weil mir klar wurde, da stimmt irgendetwas nicht. Er schien eifersüchtig zu sein auf meinen Erfolg. Wobei, was heißt schon Erfolg. In Wirklichkeit war ich ja viel schlechter dran als er.
Auf dem Heimweg sind wir dann enorm ins Streiten gekommen. Ich habe ihm gesagt, dass er sich aufgeführt hat wie ein blindwütiger Macho, und er hat erwidert, er

hätte nicht gewusst, dass ich so klischeehaft bin, und ich solle mit diesem veralteten ›Emanzenkram‹ – sein Ausdruck – aufhören. Das habe ich schon scharf gefunden, weil ich war nie eine, die mit Frauenrechten gekommen ist oder irgendwie darauf gepocht hat, dass sie eine besondere Behandlung braucht, nur weil sie eine Frau ist. Aber jetzt habe ich dann doch langsam das Gefühl bekommen, dass er es nicht erträgt, dass ich eine Frau bin und auch Boden unter den Füßen suche und dass ich da in einer Art und Weise unterwegs bin, die mich zu einer ganzen Person macht.
Wir haben furchtbar gestritten, und in all den Jahren, die wir zusammen sind, haben wir dann das erste Mal in getrennten Betten geschlafen. Ich war furchtbar erledigt, und ich bin auf die Couch gezogen, und er hat im großen, bequemen Bett gelegen.
Dieser Streit, und darum erzähle ich das auch so ausführlich, war ein echter Wendepunkt für uns. Ich habe an diesem Abend erkannt, dass einfach nichts selbstverständlich ist, dass das Leben keine Geschenke bereit hält, dass sogar eine Beziehung, die scheinbar auf so klaren, festen Schienen ist wie bei uns, dennoch nicht automatisch in die richtige Richtung fährt.
Und ich habe dann angefangen mir zu überlegen, dass ich mein Leben jetzt planen muss, so wie ich es leben möchte und nicht immer in Relation zu ihm. In Wahrheit habe ich keinen Turnus gefunden, weil ich einfach unseren gemeinsamen Wohnort nicht verlassen wollte. Es hätte schon Möglichkeiten gegeben, aber ich wollte nicht irgendwo ohne ihn hinziehen, wo ich einen Platz bekommen hätte.
Da hatte sich also bereits etwas in unsere Beziehung ein-

geschlichen, das während des Studiums nicht da war, eine einseitige Anpassungsbereitschaft meinerseits. Und noch für etwas anderes war unser Streit gut. Ich habe an seiner heftigen Reaktion erkannt, dass es sinnlos ist, wenn wir uns hinsetzen und über unsere Beziehung reden. Ich habe gewusst, ich muss für mich eine Entscheidung treffen. Also habe ich mich allein hingesetzt mit einem großen Katalog von inneren Fragen. Zuerst habe ich mir Leid getan, das gebe ich zu. Aber dann habe ich innerlich die Ärmel aufgekrempelt und bin es angegangen.

Die erste Frage für mich war: Wo möchte ich heute in fünf Jahren sein? Und es war klar, dann möchte ich dastehen mit einer Fachausbildung in der Tasche. Ich will um jeden Preis meine Ziele verwirklichen. Und der Weg dorthin ist, der Beziehung jetzt nicht den Vorrang zu geben, sondern meiner Ausbildung.

Wie das genau funktioniert, das war der nächste Schritt, und der war eigentlich ebenfalls ganz klar: Selbstverständlich brauchte ich einen Ausbildungsplatz. Und dafür erst mal einen Turnusplatz.

Okay, und wie komme ich am schnellsten zu einem Turnusplatz? Indem ich in die Provinz gehe!

Das ist etwas, was Heiko zutiefst verachtet. Er ist durch und durch ein Wiener Kind, und er war immer hier und verlässt die Stadtgrenzen nur mit dem Flugzeug, um in die Sonne zu fliegen, aber niemals würde er aufs Land ziehen. Schifahren, das ja, ganz kurz. Aber dort leben – niemals.

Ich habe am nächsten Tag, zu allem entschlossen, in Tirol meine Freunde angerufen, meine Studienkollegen und, um es kurz zu machen, in drei Tagen hatte ich im

Tiroler Landeskrankenhaus einen Turnusplatz. Ich war so erleichtert und so glücklich, weil ich gewusst habe, jetzt geht was weiter.
Fakt ist, dass wir jetzt fünf Bahnstunden voneinander getrennt sind, dass sich unser Alltag auf Wochenende, E-Mails und Telefonate beschränkt – und das für einige Jahre. Aber andererseits haben wir noch während der Ausbildung relativ viel Ferien, und ich glaube, dass wir eine gute Mischung finden können, dass er zum Beispiel auch einmal bei uns auf der Chirurgie arbeitet. Bei uns ist das Personal eher knapp in Tirol, und er hat gemeint, er macht das.
Aber vom Ablauf her war es so, ich habe alles geregelt: Ich habe den Vertrag unterschrieben, ich habe alles dingfest gemacht und dann erst das Gespräch mit Heiko gesucht.
Wobei, ich habe es als Gespräch angekündigt, aber in Wirklichkeit habe ich ihn mit den Tatsachen konfrontiert. Das Witzige war, ich habe erwartet, dass er empört ist, dass er sich aufregt, dass er sich übergangen fühlt, aber ich habe gemerkt, dass er Respekt gehabt hat. Er hat das beachtenswert, ja, er hat das einfach unglaublich gefunden, wie ich das in drei Tagen auf Schiene bekommen habe, und er hat gemeint, so hat er mich eigentlich immer gekannt. Als entschlossene, erstaunliche Person.
Ich denke, dass das jetzt eine wirkliche Wende war in unserer Beziehung. Denn hätte ich mit ihm stattdessen diesen Streit ausgefochten, wer ist wichtiger und um wen geht es und so weiter, dann würden wir immer noch dasitzen und uns gegenseitig die Haare ausreißen. So aber können wir die nächsten paar Jahre dafür nutzen,

uns wirklich gut auf unsere Laufbahn vorzubereiten. Jeder von uns kann sich so weiterentwickeln, dass wir jeweils das Optimale herausholen und uns gegenseitig nicht behindern.
Ich glaube, die Zauberformel einer Beziehung liegt darin, zuerst einmal auf sich selber zu schauen, eigene Prioritäten zu setzen und dann diese Prioritäten mit denen des Partners zu verweben. So kann dann ein Gewebe entstehen, das wirklich haltbar ist, ein Leben lang.
Wenn ich mir die Paare rund um mich anschaue, die alle so Mitte 20 sind, wie sie ihr Leben zum Teil anlegen, das sind so Albtraumbeziehungen. Alles ist schon programmiert, sie kleben aneinander und behindern einander. Gerade in der Medizin sehe ich das. So viele Frauen treten zurück und verfolgen nicht mit vollem Einsatz ihre Ziele. Sie sind Ärztinnen geworden, okay, haben eine Menge erreicht, und irgendwie scheint ihnen das schon zu reichen. In Wirklichkeit ist das doch erst der Startschuss für das Leben.
Und da ist, glaube ich, ganz wichtig – das muss ich mir auch selber immer wieder vorhalten –, dass man sich umprogrammiert. Dass man nicht die Beziehung an den ersten Platz stellt, sondern das, was man für sich aufbaut, die Arbeit. Die Beziehung ist etwas, was sich da harmonisch einfügt in das Ganze. Und dann gibt es sicher auch Zeiten, wo sich die Arbeit harmonisch einfügen muss. Das ist jetzt mein fixes Konzept, und ich glaube nicht, dass ich damit falsch liege.«
Keinen Turnusplatz. Keine Ausbildungsstelle. Sondern ein freiwilliges Praktikum. Die Partygäste schenkten Friederike dafür Anerkennung. Heiko nicht – er verärgerte Friederike so grundlegend, dass sie daraus den

Kick für eine immense Veränderung in ihrer Situation bezog.
Wir wollen Heiko nicht edler darstellen, als er vermutlich ist. Die anderen Beweggründe für sein Verhalten an jenem Abend werden sicherlich auch eine Rolle gespielt haben: Eifersucht, weil Friederike mit ihrem unverbindlichen kleinen Praktikum mehr Begeisterung entfachte als er mit seinen tatsächlichen Operationen. Ein schlechtes Gewissen über die Protektion, die ihm den Turnusplatz verschafft hatte, der anderen Jungärzten versagt blieb. Oder zu viel Sangria. Wer weiß. Eine Grenze zu ziehen, Friederike realistisch erkennen zu lassen, dass sie weiterhin für ihre eigenen Entscheidungen verantwortlich war – damit hat er ihr, egal was seine Intention war, einen Gefallen getan.
Wir wollen ihn aber auch noch erzählen lassen, wie sich die Sache aus seiner Warte stellt.
»Also ich finde Friederike unglaublich toll. Das möchte ich zum Einstieg gleich mal sagen. Sie ist mir aufgefallen, weil sie an und für sich schon eine auffallende Person ist, eine echte Tiroler Walküre mit ganz langen Haaren, die immer durch den Hörsaal geweht sind, einen Lockenkopf bis zu den Hüften. Das hat ihr etwas Unbändiges gegeben, und ich war total neugierig auf sie. Ich habe versucht, ihre Aufmerksamkeit vor allem bei den Übungen zu erregen. Und wie habe ich das gemacht? Ich habe es so gemacht, dass ich es darauf angelegt habe, mich als ›Gscheiti‹ zu profilieren. Ich wollte ihr auffallen, sie beeindrucken. Und wir haben ja auch schlagartig zusammengepasst. Es ist alles ganz toll gelaufen.
Nach dem Studium war ich natürlich sehr damit be-

schäftigt, meine Berufslaufbahn vorzubereiten. Es war gar nicht leicht – obwohl mein Vater Chirurg ist –, an diesen Turnusplatz heranzukommen. Am Anfang war es so unglaublich stressig, die Vorurteile, weil ich ja als ›Sohn‹ hier aufgetaucht bin, zu überwinden. Ich habe mich da voll hineingeschmissen, um zu beweisen, dass ich den Platz zwar vielleicht mit meinem Namen bekommen habe, aber dass ich ihn mit meinen Fähigkeiten, mit meiner Einsatzbereitschaft auszufüllen gedenke.

Ja, und dann habe ich bemerkt, dass die Friederike so halb hobbymäßig herumspaziert ist. Sie ist in der Klinik immer wieder aufgetaucht und hat Praktika gemacht oder ausgeholfen. Irgendwie hat mich die Situation nervös gemacht. Sicher, es gibt eine Liste von Hunderten, die auf einen Turnusplatz warten, und es war nicht ihre Schuld, dass sie nichts bekommen hat. Es war eine öde Situation. Ich habe natürlich ein schlechtes Gewissen gehabt. Gleichzeitig war ich immens beschäftigt und konnte sie nicht sehr unterstützen. Und gleichzeitig hat es mir nicht gefallen, dass sie die kleinen Geschichten, die sie gemacht hat, in ihrer Wahrnehmung zu so Riesendingen aufgeblasen hat. Das war für mich so eine Art Realitätsverlust. Ich weiß schon, dass ein erstes Anamnese-Gespräch etwas Wichtiges ist und interessant zweifelsohne, aber in Wirklichkeit ist sie ja nur ein bisschen herumgesessen und war perspektivlos, und das hat mir Angst gemacht.

Und ich sage ganz ehrlich, es hat mir auch deshalb Angst gemacht, weil meine Mutter eine ganz klassische Arztgattin war. Sie ist leider schon gestorben, und ich glaube, dass sie irgendwo an Kummer gestorben ist, wenn das jetzt nicht zu pathetisch klingt. Sie hat einen sehr

bösen Krebs bekommen vor fünf Jahren, aber sie hat auch davor schon immer schwer psychosomatisiert.
In Wahrheit war mein Vater nicht existent in unserer Familie, als Vater und als Ehemann. Er hat seinen Beruf nach den alten Vorstellungen ausgerichtet: Der große Klinikchef, der alle Fäden in der Hand hat. Er konnte und wollte einfach nicht delegieren, Teamwork war ein Fremdwort für seine Generation.
Mein Ehrgeiz hingegen ist, wenn ich eines Tages eine Abteilung aufbauen darf, mit modernen Management-Prinzipien zu arbeiten, und mein Ehrgeiz wird es auch sein, ein konkretes Leben zu führen, also ein Leben mit einer Familie.
Aber dazu gehört, dass ich eine selbständige Frau habe, die nicht voll auf mich setzt. Das ist, glaube ich, der entscheidende Punkt und ein ganz wichtiges Lebensziel für mich.
Mir hat meine Mutter immer wahnsinnig Leid getan. Wenn ich allein an die Situationen denke, wo sie aufwändig unsere Ferien vorbereitet hat; alles bis ins letzte Detail geplant – und was war dann? Ja, wir sind allein gefahren, wir Kinder und sie, und mein Vater ist – vielleicht – gegen Ende für ein paar Tage nachgekommen, und dann haben sie miteinander sehr wenig gesprochen, weil sie so gekränkt war. Sie war nie offen aggressiv, sondern es war immer dieser hineingefressene Kummer, diese Enttäuschung, diese Haltung: ›Ich bin nicht wichtig für dich, ich werde zurückgestoßen.‹ Und das, was sie als ihr Leben definiert hat – ihn –, das war im Grunde eine Abstraktion. Er war nicht da.
Und jetzt bin ich, obwohl die Friederike in Imst ist, so glücklich, dass sich das für uns anders entwickelt. Sie ist

so gescheit, sie wird das in kürzester Zeit machen, und wir werden dann – auch wenn wir bis dahin dreißig oder auch über dreißig sind – viele Jahrzehnte vor uns haben, die wir einfach in einer echten Form von Partnerschaft verbringen, und zwar in allen Bereichen. Ich bin wirklich ein gebranntes Kind. Und sogar mein Vater, mit dem ich einmal darüber geredet habe, hat gesagt, er hätte es sehr bedauert, dass meine Mutter ihren Beruf aufgab. Sie war Lehrerin für Französisch und Geschichte. Sie hat, bis mein Bruder auf die Welt gekommen ist, gearbeitet und hat es dann aber aufgegeben, weil sie meinte, da sein zu müssen, wenn mein Vater zu Hause war. Sie wollte die gemeinsame Zeit genießen. Aber dieser ›Genuss‹ ist dann irgendwann zum Horror geworden. Ja, und bei uns soll das anders laufen.«

Wie stehen wir zu den Wünschen, Hoffnungen und Ambitionen anderer? Wenn es sich um Menschen handelt, die uns wertvoll sind, dann sind uns auch ihre Hoffnungen wertvoll. Wir wollen, dass sie sich verwirklichen, ihr Maximum erreichen können. Eine gute Mutter hält ihre Kinder nicht im Nest, sondern ermutigt ihre »kleinen Raubvögel« zu fliegen. Unsere Freunde und Freundinnen können uns anrufen, wenn sie sich schlapp fühlen, und wir machen ihnen Mut und reden ihnen zu.

Eine Person bildete hier die Ausnahme. Wenn eine Ehefrau ihren tatsächlichen oder empfundenen Beschränkungen zu entfliehen suchte, dann schien es ganz okay, sie zurückzuhalten. Das vertrug sich angeblich nicht nur mit der Liebe, sondern war sogar ein Liebesbeweis. Ihr Mann liebte sie so sehr, ihre Familie brauchte sie so dringend – ihre Selbständigkeit hätte dem nur im Weg gestanden.

Nun, wo das endlich besser und ausgewogener gesehen wird, stellt sich mitunter eine paradoxe Reaktion ein. Die Frau freut sich zwar, dass ihr Partner sie unterstützt und ihr zuredet. Aber so ein ganz klein bisschen klingt es ihr nach Lieblosigkeit.
Die alten Klischees wirken noch nach.

Im Theater des Lebens

Emmy Werner ist eine Legende nicht nur in der österreichischen Theaterwelt.

Wir finden mehrere Dinge bemerkenswert an Emmy Werner. In erster Linie aber finden wir sie wichtig als Orientierungshilfe. Denn sie ist zugleich außergewöhnlich – und absolut typisch.

In ihrer Neigung, sich immer wieder vom Leben eines männlichen Partners einfangen zu lassen, werden viele uns sich sofort wieder erkennen. Das ist eine Versuchung, der Frauen immer wieder nachgeben. Es erscheint so logisch, so harmonisch und so harmlos – er ist dein Partner, du liebst ihn, er macht interessante Sachen, ihr wollt alles teilen. Meist hat er der Frau gegenüber beruflich einen Vorsprung – er ist schon weiter, hat die besseren Chancen. Es scheint sinnvoll und liebevoll, sich ihm anzuschließen, seine Sache zur gemeinsamen Sache zu machen. Und doch ist es ein Irrweg. Es bleibt seine Sache, und die Frau wird nie wirklich zur Partnerin, sondern sie bleibt die Mitläuferin, die Helferin.

Zweimal ist Emmy in diese Falle gegangen.

Was uns am besten gefällt, ist ihre Grundhaltung. Sie hat dieselben Probleme, die viele Frauenleben in unseren Zeiten markieren: Scheidung, finanzielle Sorgen, Probleme in der Firma. Sie geht bloß ein bisschen anders, ein bisschen besser, mit diesen Problemen um. Wie sie das schafft? Zum Teil ist es eine Frage der Konstitution. Wenn sie uns gleich ihr Leben erzählt, wird Ihnen auffallen, dass sie einen bestimmten Abschnitt als die »schönste Zeit in ihrem Leben« beschreibt. Und zwar fällt das deshalb auf, weil sie den Ausdruck mehrmals verwendet, für mehrere Lebensabschnitte. Das finden wir bezeichnend für ihre grundsätzlich positive Haltung – ein enormer Startbonus. Das angesehene, von ihr geliebte Theater »Courage« geht in Konkurs? Sie beschreibt das nicht als Tragödie, sondern als »Chance« – als Chance, ihr eigentliches Ziel eines eigenen Frauentheaters zu verwirklichen.

Nicht ändern können wir unsere Erziehung und Kindheit. Wir können uns nicht zurückwünschen in eine Theaterfamilie, die ihre einzige Tochter anhimmelte und die individuelle Freiheit hochhielt. Aber von ihrer Grundhaltung können wir uns trotzdem etwas abschauen.

Achten Sie bitte auch auf das Thema »Raum«. Darauf werden wir nämlich noch ausführlicher zurückkommen. Dieses Thema kam so oft auf in den Gesprächen mit besonders interessanten Leuten, dass es sich nicht mehr übersehen ließ.

»Ich kann nur immer wieder sagen, alle Dankbarkeit dem Elternhaus, der Kindheit. Ich bin ein sehr spät geborenes Mädchen nach einem sehr viel älteren Bruder und war daher ein sehr gewünschtes Mädchen, ein von allen Verwandten beklatschtes Mädchen. Das heißt, ich war sehr lange Zeit der Meinung, es sei ein großes Privileg, ein Mädchen zu sein.

Spätestens in der Tanzschule war es aus, da habe ich gemerkt, es ist genau umgekehrt. Ich fand es nicht richtig, dass ich mir nicht die hübschen, großen Burschen holen konnte, sondern dass ich warten sollte, bis einer zu mir herüberkommt. Denn dann kamen erst mal die kleinen Pickeligen, weil ich auch klein war und noch sehr jung. Jedenfalls, mit der Zeit kamen die ersten Einsichten, oh, die Welt läuft ja ganz anders, als ich mir das vorgestellt habe, hier bin ich nicht die Diva wie zu Hause. Sicher jedenfalls ist auch meine Prägung und Förderung durch einen zwar sehr patriarchalischen, aber wunderbar humorvollen Vater und ein recht exzentrisches Elternhaus.

Es gibt viel Aufgeschlossenheit in einer Künstlerfamilie, da läuft alles ein bisschen anders. Zum Beispiel wurde bei uns schon sehr, sehr früh die Nicht-Fremdbestimmtheit angestrebt; in der Schule und zu Hause. Ich habe sehr früh weggehen dürfen, weil man mir vertraut hat, und das war eine Förderung der Eigenständigkeit. Ich selbst wollte eigentlich nicht Theater spielen, weil auch das mir zu fremdbestimmt war. Trotz toller Anfangserfolge habe ich ganz schnell erkannt, das ist nicht mein Beruf.

Ich habe mich eher für das Produzieren am Theater interessiert. Dann aber habe ich sehr jung geheiratet, sehr schnell ein Kind bekommen und bin mit fliegenden Fahnen in die Karriere des Mannes übergelaufen – und das war auch Theater, er war Regisseur. Mit voller Lust und Leidenschaft habe ich mich in seine Sache gestürzt, und zwar ohne dass ich das Gefühl hatte, ich versage mir jetzt etwas. Ich war eben noch wahnsinnig jung, also 20 Jahre, und ziemlich doof noch. Jung geheiratet und gleich das Kind.

Was sich natürlich andererseits auch wiederum als Vorteil erwies. Denn in dem Moment, wo ich unruhig wurde, machte mir das Kind keinen Strich durch die Rechnung. Es war dann schon ziemlich groß und sagte zu mir ganz wohlmeinend und fördernd, schon halb im Stimmbruch: ›Ist klasse, wenn du das machst.‹ Das ist für mich dadurch sehr einfach gewesen, mit wunderbaren Großeltern noch dazu, wo ich das Gefühl haben konnte, die sind auch nach meiner Trennung von seinem Vater unverändert für das Kind da. Auch noch nach zehn Jahren.

Am Beginn der Ehe habe ich mich voll auf das gestürzt, was mein Mann gemacht hat, und es hat mich auch interessiert. Dann, typisch 68-er, habe ich das erste frauenrelevante Buch gelesen. Das Buch hat mir jemand in die Hand gedrückt – ich bin da aber schon unruhig gewesen mit mir selber, mit der Ehe und mit diesem Zustand, immer nur irgendwie dabei zu sein, selber aber nichts zu erschaffen.

Es war ein ganz kleines unscheinbares Buch, und es hieß: ›Hat der Mann versagt?‹ – meine allererste Begegnung mit aufrührerischen Gedanken dieser Art. Ich habe jeden Satz unterstrichen, dieses kleine Büchlein war ein einziges Aha-Erlebnis, wofür ich natürlich reif war. Und ich habe mir gedacht: ›Was ist eigentlich mit mir? Was tue ich? Was mache ich aus meinem Leben?‹

In der Folge kam es dann auch zur Trennung. Das war ziemlich bitter, weil ich keine Ahnung hatte, was ich machen sollte. Weil ich ja nur mit dem Mann gewesen war, bis dahin. Ich hatte bis dato nicht einmal, glaube ich, einen eigenen, nur an mich adressierten Brief bekommen, hatte keine eigene Steuererklärung ausgefüllt, nichts, nichts dergleichen. Ich habe nur alles für und über meinen Mann gemacht. Es war dann eine sehr schnelle, heftige Trennung. Später haben wir uns wieder miteinander angefreundet, muss ich gleich dazu sagen. Aber ich war keine gute Gattin mehr; die Grundprämisse unseres Zusammenlebens ging für mich nicht mehr. Und das hat er sofort erkannt und war dann auch gewillt, die Ehe schnell zu beenden. Es ging einfach nicht mehr.

Ich fühlte mich dann interessanterweise so wahnsinnig glücklich und so froh und frei und habe mich auch äußerlich so verändert, dass mich die Leute nicht mehr erkannt haben. Innerhalb von drei Monaten geschah das. Allerdings habe ich noch immer nicht gewusst, was ich jetzt machen soll. Ich habe dann Mittel und Wege gefunden, um ein bisschen Geld zu verdienen, ich bin dann wieder in die vertraute Theaterlandschaft zurückgekehrt und kam in das Theater Courage.

Und ich bin dann ganz schnell wieder in eine Beziehung geraten. Und genauso schnell wieder in mein altes Schema hinein: Ich fand es wieder so, so spannend, mit dem Mann zu sein und seine Interessen zu teilen.

Aber dieses Mal habe ich zumindest auch sehr viele andere Sachen gemacht, bin nicht bloß in seinem Dunstkreis geschwebt. Ich habe auch Film, Fernsehen und Funk gemacht und versucht, mir ganz langsam einen eigenen Freundes- und Bezugskreis aufzubauen. Das war sicher die schönste Zeit meines Lebens. Und mein Sohn war schon 14, 15 Jahre, den hat es nicht mehr interessiert, ob ich mich sehr viel um ihn kümmere oder nicht, im Gegenteil. Er hat mich unterstützt und gemeint, das ist klasse, was du da machst, und nur zu.

Trotzdem ist es interessant, dass ich in meiner neuen Beziehung wieder in dieselbe Falle getappt bin. Aber immerhin bin ich dann aufgewacht und habe mich mehr auf die eigenen Füße gestellt und war viel aktiver. Dann ist diese zweite wichtige lange Beziehung zu Ende gegangen und ist genauso wie meine aufgelöste Ehe in eine Freundschaft übergegangen. Gott sei Dank, in eine gute Freundschaft. Und seither habe ich nie mehr mit jemandem zusammen gewohnt. Sondern ich habe beschlossen, allein zu wohnen, und das ist ganz wichtig. Ich habe nie mehr jemanden in meine Wohnung gelassen.

Später habe ich das sagenhafte Glück gehabt und einen Mann kennen gelernt, der wirklich ein Helfer für mich war, der mir nur Wärme gegeben hat. Aber auch mit ihm war ich nicht bereit, meine neue Leitlinie aufzugeben.

Die Fallen beim Zusammenwohnen waren und sind die Nähe, ob man sie will oder nicht; das Kuscheln, anstatt was zu tun; die nicht verabredete Gemeinsamkeit, die einen abhält von sich selber, in die man aber ganz unausweichlich hineinrutscht, indem man sagt, ach was, tun wir uns da doch lieber vor dem Fernseher zusammen, statt dass man zum Beispiel das Buch, das einem wichtig für die weitere Entwicklung erscheint, lesen würde, weil das abweisend und unfreundlich gegenüber dem anderen wäre.

Ich habe dann auch sehr schnell meinem Sohn eine eigene kleine Wohnung gesucht. Er war selig. Alle haben ihn beneidet: ›He, du hast eine tolle Mutter, die gibt dir schon so viel Freiheit.‹ Aber es war beidseitig Freiheit für uns beide. Die Wohnung war allerdings im selben Mietshaus, und das war günstig, dadurch hatten wir Nähe und Distanz in einem. Wir hatten immer noch unsere Gemeinsamkeit, haben füreinander eingekauft und haben einander geholfen und waren gegenseitig für

Streicheleinheiten da, aber gleichzeitig hatten wir Freiheit, und das war toll für uns beide.
Wenn ich zurückblicke: Ich hatte schon immer auch meine eigenen Ziele und Pläne. Aber ich neigte dazu, immer wieder zu verrutschen, von mir selber abzukommen.
Und dann habe ich das Glück gehabt, mich in einen Mann zu verlieben, dem ich nicht helfen konnte, beim besten Willen nicht. Von seinem Geschäft und seinen Interessen habe ich nichts verstanden, sie haben mich nicht angesprochen, und somit war ich auf meine eigenen Pläne angewiesen.
Und gerade in der Zeit tat sich eine neue Chance auf. Die Courage wurde gesperrt, aber ich fand dann diese Räume in der Drachengasse und konnte dort endlich das erste wirklich eigene, selbständige Projekt machen. Das war ein Meilenstein, auf den ich wahrscheinlich am meisten stolz bin in meinem Leben.
Ich finde übrigens, Frauen müssen stolz sein. Man soll stolz sein, wenn man etwas geschafft hat, und auch stolz sein darauf, etwas mit Würde zu tun. Und die Drachengasse, das war wirklich eine Leistung. Das war einer der seltenen und raren Zusammenschlüsse von Frauen für ein wunderbares Frauentheater. Unser Ziel war ein Theater, das frauenorientiert arbeitet.
Wir haben aber selbstverständlich auch mit Männern gearbeitet und im Theater mit ihnen gelebt, das heißt, wir haben einen großen Überbau gehabt, einen gesellschaftspolitischen, und haben ihn auch gelebt mit den Männern. Die Frauen, die da mitgemacht haben, waren allesamt Frauen mit Rückgrat. Ich glaube, es war keine einzige darunter, die sich von jemandem hätte schlagen oder verbal attackieren lassen. Wir haben uns auch be-

wusst starke Frauen gesucht, und sie haben begeistert mitgearbeitet in der Drachengasse, auch die beteiligten Männer.

Das war eine Insel der Seligen, muss ich sagen, was die Geschlechterbeziehungen betrifft, es war ganz toll. Es gab eine alte Wohnung an die Theaterräumlichkeiten angeschlossen, dort hatten wir Aufenthaltsräume, und ich habe gleich einen Sprung davon entfernt gewohnt, auf der anderen Stiege. Wir waren andauernd zusammen, es war eine Einheit: Leben, Arbeiten, Theater. Ich trauere manchmal dieser Zeit nach, es war die heile Welt. Ja, das war die heile Welt auch zwischen den Geschlechtern. Wobei, wir Frauen haben dominiert, wir haben bestimmt, was passiert. Anders hätte es nicht funktioniert. Die Frauen haben bestimmt und wir haben uns untereinander beraten, da waren dann auch keine Männer dabei, weil wir ja ganz gezielt Frauentheater machen und Frauenanliegen weiterbringen wollten.

Es war damals eine Sensation, dass Frauen im Theater Regie geführt haben. Das war 1981. ›Frau führt Regie‹, stand da in der Zeitung, stellen Sie sich das einmal vor! Heute würde man da sagen, sind die blöd, so etwas als aufregende Nachricht zu verkaufen. Aber damals war das eben noch eine erstaunliche Novität.

Das war eine sehr schöne Zeit, weil es so gut funktioniert hat. Natürlich wurden wir oft interviewt und porträtiert, und aufgrund der vielen Fragen haben wir diesen wunderbaren Slogan kreiert: Dass wir en detail mit den Männern einverstanden sind, aber nicht en gros. Das heißt, wir hatten keine Probleme mit dem Mann an sich, mit individuellen Männern, aber mit der Rolle von

Männern in der Gesellschaft und in der Gesellschaftspolitik waren wir nicht einverstanden. Dort hat uns einiges nicht gepasst. Aber wir haben es uns gerichtet! Und vor allem auch diejenigen unter uns, die Söhne hatten – wir haben gute Söhne erzogen im Sinn der Dinge, an die wir glaubten und die wir wichtig fanden. Ich möchte das auch für mich in Anspruch nehmen.

Ich möchte aber betonen, dass meine Umstände glücklich waren. Ich habe zwar eine Zeit lang überhaupt nichts verdient, aber ich hatte meine Eltern im Rücken. Ich bin mit meinem Sohn zu ihnen essen gegangen. Für die Miete habe ich gerade noch verdient, aber mehr wirklich nicht. Ich habe gewusst, mir kann nicht wirklich was passieren, existentiell. Meine Eltern waren zwar auch nicht reich, aber sie hatten genug, um mich im Notfall aufzufangen. Mein Vater hat noch das Schulgeld für meinen Sohn bezahlt. Ich selber hatte überhaupt kein Geld, konnte mir überhaupt nichts leisten und habe in einer winzigen Gemeindewohnung gehaust, aber ich habe gewusst, ich verhungere nicht und das Kind auch nicht.

Und sogar das ist schon ein Privileg, dessen bin ich mir bewusst. Manche Frauen müssen dann in die Fabrik gehen, um sich und ihr Kind durchzubringen. Ich aber konnte mich meinen Plänen widmen. Ich hätte mir vielleicht auch gerne was gekauft oder wäre gerne verreist oder zum Frisör gegangen, aber das war jahrelang nicht drin, und es war nicht tragisch. Ich habe lange verzichtet auf Dinge, die ich gerne gehabt hätte, aber ich wusste, ich tue es, um meinen Plan zu verwirklichen, um ein tolles Theater zu machen.

Sich das Heft nicht aus der Hand nehmen lassen, das ist,

glaube ich, ganz, ganz wichtig als Lebensdevise für Frauen – nicht aufgeben, auch dann nicht, wenn es bequemer wäre.
Dagegen war ich zu diesem Zeitpunkt dann bereits gefeit. Die Muse war ich lange genug gewesen. Ich war jetzt meine eigene Muse, und das war ein sehr schönes Gefühl, das ist die schönste Zeit meines Lebens gewesen.
Es war eine echte Wegstrecke für mich. Angefangen damit, niemand zu sein, außer die Frau des Mannes oder dann die Assistentin und Freundin eines anderen Mannes bis zum Aha-Erlebnis: ›Moment mal, was will ich eigentlich? Und schließlich die Antwort zu finden: Ja, das ist es, ›that's me‹ – das war eine ganz schön lange Strecke.
Und nun war es so weit, und daher haben die Entbehrungen mich auch nicht sehr gestört. Das war mein neuer Weg, und ich hatte ihn gefunden. Und da habe ich auch das Glück gehabt, dass ich Eltern hatte, die sich mit mir darüber gefreut haben. Sie hatten zwar nie etwas gegen mein vorheriges Leben gesagt, gegen meine frühe Ehe, meine Anpassung, aber sie hatten das alles mit Sorge betrachtet, wie ich erst im Nachhinein erfuhr. Weil sie mich kannten und wussten, dass ich ein aufgewecktes Kind war und von jeher immer gerne die Fäden gezogen habe. Also das Inszenieren von Dingen, das lag mir von Anfang an. Und plötzlich bin ich verschwunden in den Agenden eines anderen Menschen. Sie machten sich Gedanken, weil sie meinten, dass das nicht zu meinem Wesen passte.
Und das tun aber nach wie vor sehr viele Frauen. Sie glauben, der Mann hat es leichter und er bringt es wei-

ter. Er hat die bessern Karten, und ich setze deswegen lieber auf ihn als auf mich.
Und es war vorerst auch befriedigend für mich, meinem Künstlerehemann zu helfen, es hat mich alles brennend interessiert, was er getan hat, aber es war und blieb trotzdem sein Leben.
Und zum ersten Mal gut gegangen ist es, als ich einen Partner hatte, der von dem, was ich machte, überhaupt keine Ahnung hatte, und ich umgekehrt von seinem Kram genauso wenig. Vorher war ich die Helferin gewesen, diejenige, die sich um den Kleinkram kümmert und Sachen möglich macht. Aber plötzlich war da nun jemand, der stattdessen mich unterstützte. Ich sagte: ›Du kennst dich bei Ämtern so gut aus, würdest du für mich da hingehen?‹
Er ist eigentlich ein sehr konservativer Mann, der sich dank mir aber geändert hat. Ich habe ihn verändert, eindeutig. Auch in der Frage des Wohnens. Zuerst wollte er, dass wir zusammen wohnen, aber er hat meine Ansichten dazu schließlich akzeptiert. Zunächst nur akzeptiert. Aber dann hat er begriffen, wie schön das ist, wenn man zwar zusammen ist, aber halt nicht zusammenklebt.
Natürlich ist das nicht für alle Leute das Richtige. Aber man kann es vielleicht ein bisschen probieren. Man kann lernen, dass man nicht sofort wo unterkommen muss, um es warm und kuschelig zu haben. Man kann es auch bei sich selber sehr schön haben. Dieser Gedanke ist bei Frauen, soweit ich das bei Freundinnen kenne, sehr selten. Dieses Bewusstsein, dass man sagen kann: ›Ich genüge mir eigentlich.‹ Das sollten Frauen stärker entwickeln.

Ich war 49 Jahre alt, als ich das Volkstheater übernahm. Zu dem Zeitpunkt hatte ich ja schon so viel erlebt. Ich hatte praktisch schon alles gehabt: Ehe und lange Partnerschaft und kurze Partnerschaft, Abenteuer – nicht viele, aber ein paar – und ein Kind. Ich hatte schon alles gehabt. Und das Volkstheater war dann so etwas wie ein neuer Lover. Es ist ein enormes Abenteuer, ein solches Riesenhaus wie dieses Theater zu leiten. Ohne den langen Weg, den ich davor schon gegangen war, hätte ich das nicht gepackt.

Es war wichtig, die technische Erfahrung mitzubringen, das Metier von allen Seiten zu kennen, kompetent zu sein. Aber genauso wichtig war es, als Person gefestigt zu sein.

Man braucht diese So-sein-wie-man-ist-Haltung. Das ist entscheidend. Man braucht die Sicherheit und die Freiheit, nicht immer im Gefühl zu leben, etwas vortäuschen zu müssen, irgendwie erahnen zu müssen, was die anderen erwarten und das dann zu erfüllen. Der Wunsch, den Ansprüchen der anderen gerecht zu werden, gekoppelt mit der Panik vor Liebesentzug, das nimmt bei Frauen oft wahnwitzige Formen an. Rundherum bemerke ich das, ja, ich merke es ja auch noch immer ein bisschen bei mir selber.

Die Kritik ist einem nicht egal; sie können einen schon treffen damit. Denn man hängt ja an der Sache und hat seine Eitelkeiten. Und man wird natürlich sehr egozentrisch, und man will ja auch funktionieren; man will ja nicht gescheitert sein, sondern man möchte sagen können: ›Schaut her, Frauen, ich mache das lange, ich halte durch, mich gibt es immer noch. Es geht. Und mehr noch, ich bin lustig geblieben, und ich habe mich nicht verändert, und ich bin sicher anders als die Herren Theaterdirektoren.‹

Ich habe es schwerer als die anderen, das ist eindeutig. Ich krieg sicher die meisten Hacken ins Kreuz, aber sollen sie doch, ich bin ziemlich abgehärtet. Aber ich habe immer allen gesagt, bitte gebt Acht, ob ich anmaßend werde, ob ich brutaler werde. Ich glaube nicht, dass mir das passiert. Ich habe Gott sei Dank Menschen, die mir ein Feedback ehrlich geben würden.

Und es geht auch auf weiblich, man muss sich nicht verändern. Ich weiß ganz genau, dass hier bei mir im Theater ein anderes Klima herrscht. Das weiß ich, und daher weiß ich, dass es geht. Es läuft total antihierarchisch und untotalitär hier, und trotzdem bin ich die letzte anerkannte Autorität.

Was ist weiblich im positiven Sinn? Möglich, dass ein Mann es auch kann, ich will ja jetzt nicht sagen, dass nur Frauen das können, ich weiß es nicht. Ich jedenfalls bin eine Frau und bin es geblieben mit all den Schwächen und Stärken, die dazugehören. Wir haben bis 350, 400 Leute, die in diesem Theater arbeiten, das ist ein großer Klangkörper. Und jeder hat mich hier auch schon verzweifelt gesehen und mich jammern gehört: ›O Gott, ich weiß nicht mehr weiter, wisst ihr es?‹ Ich bin 70-mal zurückgetreten – intern. Ich sagte mir dann, sieh mal, du bist am Ende, du darfst das nicht mehr weitermachen. Und am nächsten Tag kam dann allseits die besorgte Frage: ›Wie geht's dir denn?‹ Und ich: ›Wieso?‹ ›Na ja, du hast doch gestern …‹, ›Ach, das ist ja lächerlich, das war gestern!‹, sage ich dann.

Es geht immer weiter. Niemals aufgeben. Die Krise kriegen, okay. Aber aufgeben, nein.

Und die Belohnungen ... das war ein unglaublicher Moment in meinem Leben, wo ich frei war zu wissen, ich will etwas und ich kann es Realität werden lassen.
Im Besonderen ist das so, dass ich mich jedes Mal aufs Neue freue, wenn ich schon lange irgendein ganz bestimmtes Stück machen wollte und dann irgendwann ist es so weit, und dann gibt es dort den Aushang mit dem Stücktitel. Es ist Realität geworden. Durch mich.
Ich sage Ihnen gewiss nichts Neues, wenn ich jetzt erkläre, dass das Beziehungsproblem auch ein Raumproblem ist. Ich habe sehr gelitten darunter in meiner Kindheit, weil wir eine relativ kleine Wohnung hatten – es war ja die Nachkriegszeit – und mein sehr viel älterer Bruder hatte das winzige Kämmerchen, und ich hatte nichts.
Ich hatte nie einen eigenen Raum, und ich habe immer versucht, mir eigene kleine Räume mit improvisierten Wänden und einer Tür zu schaffen. Ich wollte immer meine Koje haben – für mich allein. Aber die anderen sollten schon auch alle da sein, rund um mich herum; allein wollte ich nicht sein.
So will ich es auch heute noch am liebsten haben. Ich habe eine große Wohnung – das war schon immer meine Sehnsucht –, die sich fast mitten auf einer Kreuzung befindet. Mit zwei Schritten bin ich auf der Straße und im nächsten Kino, wenn ich will. Dieses Bedürfnis nach mitten im Leben, aber sich gleichzeitig auch ganz zurückziehen zu können, das ist ein Teil von mir.
Wenn Frauen diesem Hang nachgeben zu verschmelzen, davor graut mir. Wenn ich es beobachte – man merkt das ja manchmal bei Mädchen, wie sie verschmelzen –, dann macht es mich ganz nervös. Und vor allem der männli-

che Partner, der ist ja oft gar nicht so bereit, der will es gar nicht. Die Mädchen wollen verschmelzen, sie hängen sich an ihn und drapieren sich körperlich über ihn, und ich gehe dann vorbei und denke mir: ›Mädel, gib Acht!‹. Ich bin in Sorge, wenn ich das sehe. Nicht, weil sie Zärtlichkeiten austauschen. Ich habe einen sechsten Sinn dafür, wenn ich merke, oh, die will am liebsten ganz reinschlüpfen in ihn, also wirklich aufgehen in ihm – dieses grässliche Wort. Und wenn es ihr gelingt, ja, dann ist es aus, dann ist ihr Leben vorbei. Da wieder herauszukommen, das ist sehr schwierig.

Was den Alltag anbelangt, wird zu wenig Augenmerk auf die klassischen Fallen gerichtet. Es wird nach wie vor unterschätzt, wie sehr wir uns im Kopf noch immer allein verantwortlich fühlen. Das ist so in unseren Genen, dass die Frau für den Haushalt da ist. Man will es ja gemütlich haben. Viele Männer wissen ganz genau, wie sie auf diesen Knopf drücken können. Sie müssen nur ein bisschen kritisieren und meinen, sie wollen sich wohl fühlen. Da müsste man die Frauen so weit kriegen, darauf nicht zu reagieren. Wenn einen Mann der Staub stört, dann soll er Staub saugen. Aber das bringen die meisten Frauen nicht fertig. Ich halte die Haushaltsführung für eine der unterschätztesten Problematiken – so banal das auch klingt. Man muss zumindest die Kinder trainieren, dass sie sich nicht bedienen lassen. Ich habe das wirklich gemacht.

Komischerweise habe ich ganz früh und sogar in der Phase meiner ›Ergebenheit‹, als ich jung war, meinen Männern immer gesagt: ›Du, ich wasche dir nicht die Wäsche.‹

Vielleicht müsste man den Frauen Mut machen, dass es

allein gar nicht so schlimm ist. Diese Panik der Frauen, eventuell nicht gewollt, nicht geliebt zu werden, die ist ganz schlimm. Man muss den Mut haben, eine Zeit lang auch allein zu sein.

Meine schönste Zeit war paradoxerweise oft nach der Trennung. Erst habe ich drei Wochen lang gelitten, und dann habe ich plötzlich die Welt mit anderen Augen gesehen, fühlte mich unendlich frei. Man kann ja diese Auszeit auch innerhalb einer Beziehung für sich beanspruchen. Es muss nicht viel sein, nur ein Wochenende oder ein Abend. Ich glaube, dass man das auch trainieren kann, diese Gesinnung, auf sich selbst gerichtet zu leben. Ein gesunder Narzissmus – der wird zwar immer verteufelt, aber er ist sicher nicht hinderlich für ein positives weibliches Leben.

Da gibt es so ein herrliches Buch: ›Die Schläfer im Moor‹, und so sehe ich die Masse der Männer. Manche wachen auf, und die sind dann glücklich. Ich habe es selber gesehen, wie glücklich Männer sein können, wenn sie eine mündige, gleichwertige Frau haben. Es ist ja fast schon tragisch, dass viele Männer nicht wissen, was ihnen entgeht, wenn sie nicht mit selbstbewussten Frauen zusammen sind. Ich verachte Männer, denen es etwas gibt, mit einem ›Trutscherl‹ unterwegs zu sein. Dann habe ich sogar noch mehr Respekt vor Männern, die ins Bordell gehen. Die sagen, ich habe einen ganz bestimmten Drang, den möchte ich in irgendeiner Weise befriedigen – das finde ich ehrlicher, als mit irgend so einem Trampel herumzuziehen und so zu tun, als wäre man der Beschützer. In Wirklichkeit wollen diese Männer die Frauen fürs Bett und ein bisschen fürs Putzen und um ihr Ego aufzuwerten. Vor solchen Paaren graust mir so enorm, dass ich auch bereit wäre, die anzupöbeln auf der Straße – aber ich kann das ja nicht mehr tun.«

Im amerikanischen Fernsehen läuft aktuell eine Sendung namens »The Bachelor«, der Junggeselle, eine Reality-Show. In jeder Tranche wird ein unverheirateter junger Mann, der eine »gute Partie« darstellt, mit einer ganzen Horde heiratswilliger junger Frauen zusammengeworfen. Aus der Riesenschar trifft er eine erste Auswahl. Jede Woche werden es weniger, während er sukzessive diejenigen aussortiert, die ihm optisch oder sonst wie nicht so gut gefallen. Bald bleibt nur noch ein Dutzend übrig, dann nur noch ein halbes Dutzend. Schließlich gibt es zwei Finalistinnen, und in der allerletzten Episode macht er einer davon einen Heiratsantrag.

Einige Dinge sind an dieser phänomenal geschmacklosen Sendung faszinierend.

Erstens die Willigkeit der Frauen, sich auf dieses degradierende Spiel einzulassen. Und das sind Frauen, von denen man nicht annehmen sollte, dass sie es nötig haben: schön, gebildet, beruflich nicht weniger erfolgreich als der jeweilige Mann, dem dieser Harem vorgesetzt wird.

Was aber noch viel schrecklicher ist, ist die Wandlung, die in diesen Frauen vorgeht. Ganz zu Beginn geben sie noch an, dass sie nur aus »Jux« mitmachen. Aber dann, oft schon nach dem zweiten flüchtigen Gespräch, wähnen sie sich plötzlich in den Mann verliebt, sehen die anderen Frauen als bittere Feindinnen, visualisieren ein zukünftiges Leben an der Seite dieses und keines anderen Mannes.

In einer Sequenz erlitt eine der Kandidatinnen, die ausscheiden mussten, einen derartigen Zusammenbruch, dass sie mit der Ambulanz sofort ins Spital gebracht und mit Sauerstoff zu Bewusstsein gebracht werden musste. Das geschah, bevor die Kandidatin überhaupt ein privates Rendezvous mit dem Junggesellen gehabt hatte und sich zumindest halbwegs nachvollziehbar für ihn interessiert haben konnte. Und es war eine hübsche, artikulierte, adrette junge Frau, die zuvor einen recht vernünftigen Eindruck gemacht hatte.

Nach ihrem Zusammenbruch erklärte sie, es wäre ihr ja gar nicht um ihr eigenes Glück gegangen, sondern um IHN. Weil sie so klar sehen konnte, dass die Frauen, für die er sich entschieden hatte, ihm kein Glück bringen würden.«

Wir konnten Emmy Werners Empfindungen, wenn sie junge Frauen beobachtete, die sich einem jungen Mann unaufgefordert um den Hals hängten und sich, wie Seegras, um ihn wickelten und nicht mehr abschütteln ließen – wir konnten ihre Empfindungen gut verstehen.

Wir empfehlen jeder Frau dringend, sich die entsprechenden Kassetten zu besorgen und sich den »Bachelor« anzusehen. Es ist ein schmerzhafter, peinlicher und illuminierender Einblick in die Schattenseite der Weiblichkeit.

Besonders schrecklich ist es, die Metamorphose der Frauen mitzuerleben. Was Emmy Werner in ihrer ersten Ehe spielte, erleben wir hier im Zeitraffer. Aus interessanten Frauen mit abwechslungsreichem Hintergrund und vielfältigen Interessen wird im Lauf von zwei oder drei Sendungen ein einziger angepasster Brei, der nur noch ein Ziel verfolgt: diesem Mann zu gefallen.

Dabei lässt sich mitverfolgen, wie diejenigen Frauen, die in die fortgeschrittenen Runden kommen und »aufsteigen«, zunehmend langweiliger werden. Sie haben plötzlich kaum noch eine Meinung, aus lauter Angst, das Falsche zu sagen und ihn zu vergrämen und eliminiert zu werden. Sie haben nur noch eines im Sinn – ihm klarzumachen, wie perfekt sie zu ihm passen. Das gelingt ihnen, indem sie selber überhaupt keine Präferenzen und keine Wünsche mehr haben, die nicht genau mit seinen übereinstimmen.

»Ich bin Lehrerin. Diesen Beruf kann man überall ausüben, es macht also nichts, wenn du dich beruflich versetzen lassen willst. Und wenn wir Kinder haben, kann ich eine Weile zu Hause bleiben«, entfährt es einer, und dann sieht man ihr an, dass sie selber ein wenig erschreckt. Sie ist mit einem wildfremden Mann vor laufenden Kameras zum ersten Mal allein, aber mental hat sie schon ihren Wohnort aufgegeben, mit ihm Kinder bekommen.

Am Schluss werden alle »Abgelehnten« ins Studio eingeladen, um das Finale gemeinsam mitzuerleben. Mit einem von den Erfindern dieser Sendung vermutlich unerwarteten Nebeneffekt. Plötzlich sind sie alle wieder da, zu ihrem ursprünglichen Wesen zurückgekehrt – lustig, frech, impertinent, bunt bilden sie einen unglaublichen Kontrast zu den beiden Finalistinnen, die, blass und fad und farblos, um die Gunst des Mannes buhlen. Nicht der Kuss des Prinzen, sondern seine Abweisung hat sie belebt und geweckt.

Raum und Partnerschaft

Raum spielt im Leben von Frauen eine große, ungenügend reflektierte Rolle.
Beziehung heißt, Raum zu teilen. In der Wohnung des anderen zu übernachten; dort eine Zahnbürste zu deponieren; die Telefonnummer weiterzugeben als eine Nummer, unter der man erreicht werden kann ... Das Territorium einer neuen Beziehung kann zentimeterweise besetzt oder in einem Blitzkrieg auf einen Schlag erobert werden.
»Bleibst du die Nacht?«
»Wir ziehen zusammen!«
Trennung heißt, sich aus einem Gebiet wieder zurückzuziehen oder aber daraus vertrieben zu werden.
»Er hat einen Koffer gepackt und ist ausgezogen.«
»Sie hat ihm seine Sachen vor die Tür gestellt.«
Beziehungskrise heißt, Raum zu verweigern, um symbolisch zum Ausdruck zu bringen, dass man mit dem Gedanken an eine Trennung spielt.
SIE stürmt wütend aus der gemeinsamen Wohnung und kommt erst viele Stunden später wieder zurück.
Oder sie sperrt ihn aus dem Schlafzimmer aus, und er muss die Nacht auf dem Sofa verbringen.
Das sind bedeutungsträchtige, tief verwurzelte, fast archaische Handlungen mit hohem Symbolgehalt. Es macht verständlicherweise Angst, ihnen entgegenzuhan-

deln. Doch Tatsache ist, dass sie nicht mehr zeitgemäß sind. Die Art von »Nähe«, die wir heute mit Zusammensein verbinden, hat es früher nicht gegeben; ja es wäre den Menschen nicht im Traum eingefallen, das anzustreben. Das ist ein Produkt unseres Psychozeitalters, kombiniert mit dem Luxus, hohe Qualitätsansprüche an unsere Beziehungen zu stellen. Unter diesen neuen, veränderten Umständen muss das Gleichgewicht zwischen Nähe und Raum neu austariert werden.

In unserem ursprünglichen Forschungskonzept kam dieser Aspekt nicht vor. Aber Raum war so oft in den Gesprächen ein Thema, dass wir es nicht übergehen konnten. Und gerade die interessantesten Leute, die pionierhaftesten Paare, zeichneten sich aus durch einen neuen Umgang mit der Frage des Raumes.

Was Beziehungen betrifft, gibt es zum Thema »Raum« zwei Tabus, zwei unaussprechliche Wahrheiten.

Die erste ist, dass Paare – auch dann, wenn sie sich lieben, gerne zusammen sind und leidenschaftliche Gefühle füreinander hegen – sich gegenseitig auf die Nerven gehen und sich behindern. Das darf aber nicht gesagt, soll nicht einmal gedacht werden. Sie sollen, weil sie sich doch lieben, immer beieinander sein wollen, ganz nah!

Früher, im klassischen Bürgertum, durfte das männliche Familienoberhaupt infolge seiner persönlichen Wichtigkeit hier eine Ausnahme für sich machen. Damit Kinderlärm und Frauenkleinkram ihn nicht von seinen erhabenen Gedanken ablenkten, durfte er sich in sein Arbeitszimmer zurückziehen. Und dort durfte er nicht gestört werden.

Das moderne Zeitalter zerstörte auch noch diese letzte

Enklave. Nun war nicht einmal der Mann mehr gefeit gegen Territorialverlust.

In den Interviews kam zu Tage, wie die Menschen tatsächlich über diese Zwangsnähe denken – nämlich dass sie manchmal schön ist, einen manchmal aber auch verrückt macht. Dass man sich manchmal zurückziehen möchte in eine Ecke, die ganz alleine einem selbst gehört.

Nach der Lektüre der Interviews kam uns sogar schon der Verdacht, dass die eine oder andere Scheidung nur der verzweifelte Versuch ist, endlich wieder ein bisschen Platz zu haben.

Irritationen hörten wir da heraus. Ungeduld und Unruhe, ausgelöst durch eine animalische Aversion dagegen, ständig jemanden über sein Revier trampeln zu sehen. Zwischen den Zeilen hörten wir mitunter ein kaum unterdrücktes Knurren: ›Geh weg und lass' mich alleine, wenigstens für fünf Minuten!‹

Evie erinnert sich an ihre erste große Liebe. Er kam zu ihr in die Wohnung. An die heißen Liebesnächte erinnert sie sich kaum mehr – dafür umso besser »an das Chaos, das er in meiner Wohnung inszenierte. Er hat dort gewirtschaftet, es sah aus wie nach einem Bombenangriff. Schlimmer als der schlimmste Teenager, zweifellos in der Annahme, hier wohnt eine Frau, die wird das schon wieder regeln«.

Unterschiedliche Vorstellungen von Ordnung, unterschiedliche zur Ästhetik. Vor allem aber die verhängnisvolle Vermischung von Raum mit Zeit: Wenn man im selben Raum ist, sollte man auch die Zeit gemeinsam verbringen. Es ist dann unhöflich, zu lesen oder stundenlang am Telefon zu hängen, geschweige denn zu arbeiten. Eigentlich sollte man reden, aber wenn einem kein grandioses Gesprächsthema einfällt, gilt gemeinsames Fernsehen auch noch als soziale Handlung. Das paradoxe Endresultat von Gemeinsamkeit ist, dass keiner das tun kann, was er oder sie möchte.

Das zweite Geheimnis ist, dass manche rebellischen Paare sich nicht mehr scheren um das Nähegebot, sondern eigene Wege gehen. Wege, die irgendwo ein Eckchen frei halten für die Einzelperson in ihrer Eigenschaft als Reviertier.

Das konnte sich dann so anhören:

»Wir leben nicht zusammen, aber wir haben eine unglaublich enge Beziehung. Wir haben unser Leben jetzt so organisiert, dass wir den Freitag, Samstag und Sonntag miteinander verbringen. Montag bis Donnerstag ist unsere kompakte Arbeitszeit, wo wir uns vielleicht mal zum Abendessen treffen oder ins Kino gehen, aber im Wesentlichen intensiv unseren eigenen Dingen nachgehen. Das gibt uns dann diesen Freiraum über das Wochenende, wo wir zwar manchmal auch etwas tun müssen, arbeitsbezogen, aber wo das Gemeinsame im Vordergrund steht.«

Das sind Experimente, die Suche nach dem richtigen Maß zwischen Nähe und Freiraum, Liebe und Distanz, Selbstverwirklichung und Intimität.

Für die Firma Procter & Gamble machten wir eine Untersuchung über Familien und darüber, wie sie ihre gemeinsame Zeit – insbesondere den gemeinsamen Abend – verbringen.

Was uns dabei am stärksten auffiel, war die seltsame Macht, die von der Idee der »Gemeinsamkeit« ausstrahlt.

Ganz oft konnte diese Macht zur Folge haben, dass vier oder fünf Leute Dinge taten, die keine und keiner von ihnen tun wollte. Bloß, um dem Gebot der »Gemeinsamkeit« Genüge zu tun.

Am deutlichsten wurde das jeweils dann, wenn Familien uns erzählten, wie sich ein »gemeinsamer Familienabend« unterschied von einem Abend, an dem die Familie unvollständig war, weil der Vater beruflich verreisen musste.

An solchen Abenden lief alles ganz anders – und viel besser. Aber nicht etwa, weil der Vater in der Manier eines altmodischen Haustyrannen mit seiner bloßen Anwesenheit unterdrückte. Sondern weil die Familie immer dann, wenn sie komplett war, in ein Zwangsverhalten verfiel, das in Wirklichkeit niemandem Freude machte.

Nehmen wir als typische Illustration die Familie Gentz. Der Vater arbeitet für einen Baukonzern und ist oft auf Dienstreisen. Die Mutter arbeitet halbtags in einem Altenheim. Die drei Kinder sind 16, 14 und neun.

An einem »normalen Abend« bereitet die Mutter ein Abendessen zu mit dem Konzept, dass alle gemeinsam um etwa acht Uhr am Speisezimmertisch essen werden. Der typische Ablauf ist dann aber so, dass der 14-Jährige mit dem Vater isst, die 16-Jährige sich einen Teller holt und damit in ihr Zimmer verschwindet, weil sie »lernen muss«, der 9-Jährige keinen Hunger hat oder das, was es zu essen gibt, nicht mag und die Mutter sich kaum etwas nimmt, weil sie am Abend keine richtige Mahlzeit mag. »Das ist zu 95 Prozent unser typischer Abend«, berichtet Frau Gentz. Trotzdem versuchen beide Eltern fast jeden Abend, die Gruppe um den Tisch zu bekommen – weil das »richtiger« wäre.

Ist der Vater nun auf Geschäftsreise, fällt der Gedanke an die Richtigkeit weg. Das Foto kann ja nun sowieso nicht geschossen werden: Mutter, Vater, Kinder in harmonischer Gemeinsamkeit und in fröhlichem Gespräch um den Tisch versammelt, eine vitaminreiche, proteinhaltige Mahlzeit einnehmend.

Und nun, wo man diesem Bild sowieso nicht mehr entsprechen kann, wird der Abend plötzlich viel entspannter. Frau Gentz macht sich einen großen Salat. Die 16-Jährige spaziert in die Küche, richtet sich einen Käseteller und bleibt eine Weile an der Theke angelehnt stehen und plaudert, während sie sich die Tomatenviertel aus Muttis Salatschüssel angelt. Der Kleine liebt Suppe und bekommt sie. Sein Bruder, berühmter Allesfresser, nimmt sich Salat, Suppe und Käse und dann noch eine Tiefkühlpizza. Halb in dem wohligen Gefühl, ein bisschen schlimm zu sein, sind alle in der Küche versammelt – und erleben dort, objektiv betrachtet, quantitativ wie qualitativ wesentlich mehr »Gemeinsamkeit« als an ihren klassischen Familienabenden.

Und Herr Gentz? Auch ihm geht es gut. Nach einem Flug hat er eigentlich nie so richtig Hunger. Er verbringt den Abend am Laufband im Fitnessraum des Hotels, danach reichen ihm die Nüsse aus der Minibar und dazu ein Bier. Wenn er daheim ist, kommt er selten zum Sport, denn das wäre ja wohl der Gipfel an Familienfeindlichkeit und Egoismus, abends ins Fitnessstudio zu gehen statt nach Hause.

»Eigentlich behindert man sich«, so formulierte es Emmy Werner. Und niemand hat daraus einen Vorteil.

Diese Einsicht fällt Frauen oft schwer. Schließlich sind sie die Hüterinnen, die Inszeniererinnen, die Intendantinnen der Gemeinsamkeit. Den romantischen Augenblick, um die Frau zu verführen – dafür ist vielleicht noch der Mann zuständig. Danach geht das Amt an sie über.

»Territorial« sind viele Frauen zunächst im abstrakten Sinn, indem sie einen Mann – seine Person, seine Gefühle, seine Gedanken – in ihre Kontrolle bringen und besitzen wollen. Danach gehen sie zur nächsten Stufe des Territorialen über und wollen mit ihm gemeinsam ein Heim einrichten, ein Nest.

In vielen wichtigen Lebensabschnitten wollen Frauen nicht Raum gewinnen, sondern Raum verlieren. Sie wollen Nähe und Verbindlichkeit, nicht Raum und Autonomie.

»Es ist irgendwie schizophren«, gibt die Lektorin Margit zu. »Mein Mann ist Verlagsvertreter und am Wochenende oft unterwegs. Ich bin jedes Mal traurig und sogar irgendwie beleidigt, wenn er sagt, dass er wieder mal wegfahren muss. Ich mache ihm Vorwürfe, dass er unsere Freizeit zerstört. Aber in aller Ehrlichkeit muss ich sagen, dass die Wochenenden ohne ihn gar nicht so schrecklich sind. Ich tu dann nämlich das, worauf ich wirklich Lust habe. Wenn ich vergleiche, ein Wochenende ohne ihn und ein Wochenende mit ihm ... Verstehen Sie mich nicht falsch. Unsere Beziehung ist total in Ordnung, wir lieben uns, wir verstehen uns, es knistert immer noch – aber wenn er weg ist, habe ich rein objektiv betrachtet das schönere Wochenende. Erstens erledige ich unheimlich viel. Dazu gehört auch Hausarbeit, aber ich mache es sogar ganz gern, weil es sehr befriedigend ist, wenn dann alles erledigt ist. Und dann habe ich noch jede Menge Zeit für Dinge, die Spaß machen, Einkaufsbummel mit einer Freundin, Videoabend mit der

Sorte von abstrusem Kunstfilm, den er nicht leiden kann. Aber wenn er da ist, dann besteht das Wochenende irgendwie aus Warten. Warten, bis er geduscht hat, bis er seine Schwester in Frankreich angerufen hat, dann langes Diskutieren, was wollen wir heute machen, eine Einigung ist schwer und der Kompromiss freut meistens keinen von uns. Und über dem Ganzen schwebt so irgendwie der Druck, dass das Wochenende etwas Besonderes ist und dass wir etwas Besonderes unternehmen sollten. Bitte, wer zwingt uns dazu? Ich könnte an den Wochenenden, auch wenn er da ist, genau das Gleiche machen wie an den Wochenenden, an denen er weg ist. Ich glaube, er wäre dann froh und erleichtert. Er verlangt nicht, dass ich mich auf ihn einstellen soll. Er hat ja auch seine Dinge, die er lieber täte. Im Grunde heißt gemeinsame Freizeit in unserem Fall, dass weder er noch ich das tut, was wir eigentlich tun möchten.«

»Und das Wahnwitzige«, sagt Rita, »ist ja Folgendes: Ich kann dasitzen und mir denken, eigentlich möchte ich jetzt gerne mit Susanne laufen gehen, und er kann an seinem Auto die Winterreifen wechseln gehen. Wenn er aber dann in der nächsten Sekunde sagt: ›Schatz, ich müsste die Winterreifen wechseln, warum gehst du nicht mit deiner Freundin laufen?‹, dann bin ich beleidigt und gekränkt und sehe schon die große Beziehungskrise auf uns losziehen. Was ist das?«

Diese Frage können wir beantworten. »Das« ist das bürgerliche Familienidealbild, entstanden im Laufe der Neuzeit und in uns noch stark verankert. Zusammen, im Heim, das der Mann für seine Familie geschaffen hat und das seine Frau nun kuschelig gestaltet und sauber hält.

Aber wie das Klischee läuft, wissen wir alle ja zur Genüge. Sehen wir uns lieber an, wie es einigen gelingt, sich vom Klischee zu befreien und zu einer ausgewogeneren, einer »höfischen«, einer gleichgewichtigen Gestaltung von Raum auch innerhalb ihrer Beziehung zu gelangen.

Hannah ist 29 Jahre alt, ihr Lebensgefährte ist Malermeister. Sie hat zuerst eine Frisörlehre gemacht, die dann aber abgebrochen und sich stattdessen für eine Tischlerlehre entschieden. Nach dem erfolgreichen Abschluss hat sie sich mit einer alternativen Werkstatt zusammengetan. Heute stellt sie Naturmöbel her und arbeitet mit Firmen zusammen, die nach umweltverträglichen Grundsätzen arbeiten. Mit ihrem Freund, den sie bevorzugt »den lieben Felix« nennt, geht sie neue Wege der Raumteilung.

»Felix habe ich schon auf der Berufschule kennen gelernt. Wir waren beide Spätzünder. Er hat vorher eine höhere Schule gemacht, er hat ein richtiges Abitur. Aber danach ist er rumgebummelt und hat nicht wirklich studiert.

Seine Eltern haben einen Malerbetrieb, und es war ganz klar, er macht die Ausbildung und dann kann er später die Firma übernehmen.

Ich selber bin ein bisschen ein unsteter Geist. Lebenslustig, glaube ich, und ich mache auch wahnsinnig gerne etwas mit meinen Händen. Also diese Tischlereigeschichte ist für mich einfach was ganz Fantastisches. Ich habe das Gefühl, dass ich jeden Tag etwas erschaffen kann.

Ich habe gemerkt, dass ich durch den lieben Felix in ein bürgerliches Ambiente hineinrolle. Er ist der einzige Sohn, und es war ganz klar, die zukünftige Schwiegertochter soll da hineinwachsen und eines Tages dann nach außen repräsentieren, wie die Frau Mama das halt heute schon tut.

Aber ich bin in einem ganz anderen Umfeld aufgewachsen, ich bin ein Waldorfkind, sehr grün. Jetzt arbeite ich auch sehr viel mit Natur, ich arbeite für engagierte Projekte, und irgendwelchen Schnöseln ihre Wohnungen zu gestalten oder als Frau Malermeister aufs Geschäft zu schauen, das gefällt mir nicht sehr. Ich habe das recht geschwind klargemacht. Da ist natürlich Entsetzen ausgebrochen. Zuerst einmal auch kurz ein Schock bei meinem Felix, wo er doch eine so gute Partie ist, wie mir seine Großmutter schon beim zweiten Treffen zugeraunt hat.

Und es ist schon richtig, er ist ein ganz Lieber, aber trotzdem will ich nicht in jungen Jahren schon zu einer mittelalterlichen Tante verkommen und ein solch gesetztes bürgerliches Leben führen.

Also, ich habe mir gedacht, da muss ich ganz klare Fronten schaffen. Für mich war es auch selbstverständlich, dass wir zwar zusammen wohnen, aber auf keinen Fall heiraten. Dass wir auch auf keinen Fall gemeinsam arbeiten. Das Zusammenwohnen ist schon genug an gemeinsamer Basis und eine hinreichende Demonstration nach außen, dass man zusammen gehört.

Aber dann habe ich gemerkt, dass die gemeinsame Wohnung eigentlich eine verhängnisvolle Sache ist, weil die Außenwelt da hereinstürmt. Seine Mutter, seine Tanten, alle haben sich angesagt, und alle haben es sich gemütlich gemacht und geholfen, ständig irgendwas gebracht usw. Irgendwann habe ich gemerkt, dass ich kaum mehr Luft zum Atmen habe.

Am Abend beschäftige ich mich immer noch gerne mit einem Werkstück, das ich gerade herstelle, oder ich zeichne, und da ist mir nicht danach, gemeinsam fernzusehen, was Felix aber durchaus gerne macht und was ich ihm auch gönne.
Aber das soll dann eben in einem Nebenzimmer stattfinden und nicht immer mit diesem Druck, dass ich den Besuch begrüßen und Kaffee machen oder irgendwelche Tortensitzungen durchstehen muss.
Wir haben dann Glück gehabt. Im Nebenhaus ist eine wunderschöne kleine Wohnung frei geworden, die habe ich genommen, um ein eigenes kleines Atelier zu haben. Da bin ich abends oft hinübergegangen, um was zu tun. Ich habe mich dann dort so wahnsinnig wohl gefühlt, dass zunehmend Stücke aus unserer Wohnung da hinübergewandert sind. Mein Lieblingssofa, mein Lieblingsfauteuil, und irgendwann war ich da drüben gesettelt, es war meine ›Höhle‹, und da bin ich auch nicht mehr raus. Der liebe Felix ist dann einfach zurückgeblieben.
Jetzt machen wir das so, dass wir in unseren jeweiligen Wohnungen wohnen, und ich komme rüber zum Felix zum Essen. Er kocht sehr gerne. Meistens komme ich nach der Arbeit vorbei, wir essen gemeinsam, und je nach Stimmungslage kuscheln wir gemeinsam, aber später, so gegen neun marschiere ich dann rüber zu mir, und jeder macht das, was er will. Es ist schon so, dass er dann auch mal klingelt und wir die Nacht zusammen verbringen. Das macht es auch spannend, und das ist was besonders Nettes, und da habe ich eigentlich noch nie nein gesagt, muss ich sagen. Aber das ist eine ganz andere Situation, da ist wieder dieses Werben umeinander, da ist ein biss-

chen ein Kick da, eine Spannung, es ist ganz anders, als wenn man selbstverständlich jede Nacht nebeneinander ins Bett fällt. Das muss ich ganz klar sagen, und wir sind in Wirklichkeit noch eine junge Beziehung, und die Gefahr der Abstumpfung hat sich auch schon angekündigt, sonst hätte mich ja auch nicht so viel gestört, würde ich meinen.

Das Interessante ist, finde ich, dass Männer viel geduldiger sind in Beziehungen, dass sie viel weniger beweglich sind. Also er hätte sich wahrscheinlich die nächsten zehn Jahre nicht gerührt, hätte nicht gesagt, dass irgendwas nicht so gut läuft oder dass wir uns vielleicht sogar ein bisschen langweilen. Da ist ihm seine Bequemlichkeit oder der alltägliche Trott so viel wert gewesen, darüber hinwegzusehen. Ich habe die Initiative ergriffen, und ich finde, das ist auch ganz gegen das Klischee, weil normalerweise heißt es ja immer, die Frauen seien so anhänglich und die Frauen seien diejenigen, die klammern in den Beziehungen.

Ich kenne keine einzige solche Frau. Alle meine Freundinnen sind abenteuerlustig, und alle wollen raus aus dem Trott, und keine Einzige will irgendwie eine langweilige gesettelte Beziehung haben. Alle wollen, so lange es geht, einen ganz tollen Lover haben, und das finde ich auch in Ordnung, denn darum geht es ja auch in einer Beziehung. Also ich glaube, dass Frauen viel risikofreudiger sind, dass Frauen Beziehungen viel munterer angehen als Männer und dass man Beziehungen einfach nicht sich selbst und vor allem nicht den Männern überlassen darf. Weil, sonst ist es nicht wirklich interessant genug, sonst versandet alles relativ schnell in Gewohnheit und Bequemlichkeit. Und warum ist das so? Weil die Männer das von ihren Müttern gewöhnt sind. Sie sind alle sehr verwöhnt, ich kenne keinen Einzigen, der nicht verwöhnt wurde von seiner Mama. Die Mütter waren immer sehr dahinter, dass es ihren Jungs ganz gut ging. Zum Glück haben einige doch die Zeichen der Zeit erkannt, wie eben mein lieber Felix, der hat gemerkt, was jetzt abgeht, und ich bin sehr glücklich darüber. Wir fühlen uns wohl miteinander, hoffentlich noch recht lange.«

Gewagte Versuche dieser Art werden nicht nur von Paaren, sondern auch von Familien unternommen. Die Psychiaterin Frieda hat sich mit ihrem Mann und zwei Kindern nach angepassten Anfangsjahren ein sehr innovatives Familienleben gebastelt, das sich als haltbarer und langlebiger erwiesen hat als so manches konventionelle Modell.

Frieda ist 44 Jahre alt. Ihr Mann, mit dem sie seit über 20 Jahren verheiratet ist, ist ebenfalls Therapeut – wie auch die beiden mittlerweile erwachsenen Söhne.

»Wir haben uns schon im Studium kennen gelernt, und wir haben alles gemeinsam gemacht, wir waren bekannt in der Stadt und galten in unserem Freundeskreis als Art siamesische Zwillinge. Wir haben relativ früh geheiratet, weil wir uns gar nichts anderes vorstellen konnten. Wir haben unsere Fachausbildungen gemacht und haben dann sogar eine gemeinsame Praxis eröffnet.

Das war zu einem Zeitpunkt damals, wo es auch selbstverständlich war, dass Ehepaare eine gemeinsame Sache machen. Aber es war gleichzeitig auch die Zeit, wo es noch selbstverständlich war, dass die Frau zuarbeitet. Also, ich wurde im Notfall genommen oder als Ersatz. Wenn man beim Herrn Doktor nicht unterkam, dann

ging man halt zur Frau Doktor. Manche haben überhaupt gedacht, ich bin die Vorzimmerhilfe und flitze halt zufällig auch in den Haupträumen herum.
Insgesamt habe ich mich dabei unbehaglich gefühlt und habe mir überlegt, dass ich ja ursprünglich ganz andere Dinge vorgehabt hatte. Ich wollte nämlich reisen und hatte geplant, Journalistin zu werden, nur hat mich die Psychologie an der Uni dann mehr interessiert.
Ich habe dann angefangen, Reisen zu machen, was finanziell nicht so schwierig war, solange einer von uns richtig verdiente. Ich bin nach Südamerika gereist, ich bin nach Afrika gereist. In Afrika bin ich hängen geblieben und habe angefangen in Projekten mitzuarbeiten, wo man Unterstützung brauchte, wo es um Trauma ging. Zuerst habe ich das auf freiwilliger Basis gemacht, aber dann bin ich in Organisationen hineingekommen, habe da Fuß gefasst auf diesem Terrain, im Bereich der internationalen Hilfsorganisationen. Mein Leben hat sich dann über Monate in fernen Gebieten abgespielt.
Ich habe meine Kinder bekommen und habe sie, als sie klein waren, einfach mitgenommen. Ich war ja nicht in sehr ernsten Krisengebieten eingesetzt, ich war nie in Kriegsgebieten, und für meine Kinder war das eine wunderbare Zeit. Zum Beispiel sind sie in Kenia ein Jahr lang in die Schule gegangen, das war eine großartige Erfahrung für sie.
Für meinen Mann war diese ganze Geschichte gewöhnungsbedürftig, aber gleichzeitig hat ihn da auch das Interesse gepackt. Er hat gespürt, dass da eine völlig neue Dimension in unser Leben hineinkommt. Er ist ein fanatischer Leser, er ist ethnologisch, anthropologisch sehr interessiert und er hat dann angefangen, uns in seinen

Ferien nachzureisen, Projekte mit zu unterstützen. Wir sind da eine recht ungewöhnliche Truppe geworden.

Ich glaube, dass in diesen Jahren, vor allem in den Kleinkindjahren bis zum Gymnasium, dass dieses Leben unsere Ehe gerettet hat. Ich weiß nicht, ob wir über die Supermarktquerelen hinweggekommen wären, wer einkauft und wer nicht, wer den größeren Anteil geleistet hat an der Hausarbeit und wer nicht. Ich glaube, diese Alltagsgeschichten hätten uns eingeholt, und ich weiß nicht, ob wir das überlebt hätten.

Aber durch diesen Lebensstil bewegten wir uns in einer ganz anderen Dimension. Unsere Wohnung in Frankfurt bezeichneten wir als unser Basislager. Die war immer an der Grenze zum Chaos, hatte eher so einen Wohngemeinschaftscharakter. Wenn ich da war, bin ich mit all meinen Mitbringseln gelandet und mit den Kindern ein paar Monate geblieben. Wenn wir weg waren, hat mein Mann dort mehr oder weniger spartanisch kampiert. Das hat keinen von uns gestört, wir haben keinen großen Wert auf Repräsentation oder Häuslichkeit gelegt. Das Einzige – und da bin ich fanatisch –, es muss immer geputzt und sauber sein. Das ist bei den Afrikanern so, also in der einfachsten Hütte blitzt und blinkt alles, das muss einfach sein, das ist das erste und wichtigste Training, weil sonst ist man verloren im Hinblick auf Hygiene. Das habe ich auch ganz stark in unserem Leben, das ist eigentlich unser einziges Kriterium. Chaos ja, Dreck nein.

Heute haben wir eine etwas ruhigere Phase. Wir sind seit der dritten Klasse Gymnasium unseres Jüngsten sesshaft. Wir haben aber unser Leben nicht so streng als gemeinsame Familie organisiert. Obwohl wir ja komischerweise jetzt, wo die Kinder fertig sind mit ihrer Ausbildung und erfreulicherweise auch unseren Weg gegangen sind, also unseren professionellen Weg, alle zusammenleben. Auf Wohngemeinschaftsbasis, kann man sagen.

Das schaut so aus: Jeder von uns hat ein eigenes Zimmer. Wir haben eine große Küche, wo sich das Gemeinschaftsleben abspielt. Aber die anderen vier Zimmer sind privat, das Reich jedes Einzelnen. Der eine hat seine Gitarre, mein anderer Sohn spielt Cello. Wir haben auch eine Ziehtochter, sie kommt aus Zimbabwe, und sie töpfert sehr viel. Wir haben kein Wohnzimmer, wir haben kein gemeinsames Schlafzimmer. Leute, die zu uns kommen, sind manchmal ein bisschen verwirrt, weil es so offensichtlich anders ist, wie wir uns das organisiert haben. Überall stehen Trommeln herum, es wird viel Musik gemacht.

Ich finde, das ist ein befreiteres Leben. Ich glaube, es gibt deshalb so viel Knatsch in Familien, weil die Menschen zu ängstlich sind und versuchen, Fassaden aufrecht zu halten. Stattdessen sollten sich die Paare zusammensetzen und sich fragen: ›Wie wollen wir wirklich leben? Was sind unsere tiefsten, unsere innersten Wünsche?‹

Wobei da auch sehr viel Feingefühl gefragt ist, sehr viel Offenheit. Auf keinen Fall sollte man die Konzepte der vergangenen Jahrhunderte wieder ausgraben, ohne sehr genau darüber nachzudenken, ob man die überhaupt leben will.

Damit sind wir jedenfalls gut gefahren. Ich bereite mich jetzt auf eine einjährige Forschungsreise vor, das ist mein privates Sabbatical sozusagen. Das finanzieren wir quasi gemeinsam als Familie. Ich freue mich einfach unglaub-

lich darauf. Ich gehe in eine ganz entlegene Gegend in Brasilien, das ist für mich eine ganz tolle Herausforderung, und ich werde sehen, wie es läuft, und nach einigen Monaten, wenn ich mich dort ein bisschen etabliert habe, werden Teile meiner Familie vielleicht nachreisen.
Mein Mann hat eine ganz starke Beziehung zu Fernost, er macht sehr viel Meditation und interessiert sich für diese Dinge, und ich glaube, dass er als nächster dann drankommt mit so einer Geschichte. Das ist unser Ziel für die nächsten ein, zwei Jahre.
Wir sind eine Gesellschaft, in der wir Freiräume haben für so was. Wofür verwenden wir unser Geld, wenn nicht dafür, unser unmittelbares Leben so zu gestalten, dass wir Erfahrungen sammeln können, dass wir wirklich in die Tiefe tauchen können, dass wir uns inspirieren lassen und uns gegenseitig beflügeln. Bausparverträge, langfristige Kredite, das halte ich für ein recht prekäres Konzept.
Solche Gedankengänge waren für unsere heranwachsenden Kinder und auch für ihre Freunde sehr attraktiv. Wir waren immer so eine Art Begegnungshaus, bei uns war immer viel los, es ist sehr offen über alles geredet worden, über Drogen, über Abtreibungen, Sexualität, Aids, über sexuelle Orientierung. Offenheit war erwünscht, und ich glaube, dass Offenheit die einzige Antwort auf die Gestaltung von Beziehungen ist. Es ist das magische Wort für Beziehungsgestaltung.«

Teil 3
Die Devise heißt P-L-A-N

Vom unglücklichen Zufall zum geplanten Glück

Im Märchen wird man durch eine fantastische, unvorhersehbare Wendung glücklich. Durch eine Fee. Einen Zauberer. Einen Glückstaler. Und natürlich, fast hätten wir ihn vergessen: durch einen Prinzen.

Mindestens zwei Haken hat diese Version. Erstens ist es ganz schön langweilig und ganz schön deprimierend, auf unvorhersehbare Wendungen zu warten. Und zweitens kann eine äußere Instanz ja gar nicht wissen, was einen glücklich macht. Das muss man selber wissen, oder zumindest erahnen. Eine Richtung muss man bestimmen, und dann muss man sich in diese Richtung hinbewegen. Und falls man sich unterwegs mit weiteren Personen zusammenschließt, dann muss man sichergehen, dass sie in dieselbe Richtung wollen. Das ist wie bei einer Karawane. Gemeinsam reist es sich besser, aber nur, wenn alle dieselben Zielorte haben. Den Anfangsbuchstaben hat Freud ja noch richtig erkannt, aber der Rest war falsch. Den meisten Frauen fehlt nicht ein Penis, sondern ein Plan.

Im nächsten Abschnitt befassen wir uns ganz ausführlich mit dieser Frage, weil sie einfach zentral ist. Es ist schier unglaublich, wie gedankenlos Frauen auch heute noch durch ihr Leben spazieren. Bei wesentlich trivialeren Dingen gehen sie nachdenklich und zielgerichtet vor. Das Hotel für den Urlaub buchen sie vor, nachdem sie zuerst recherchiert haben, ob es dort schön ist und ob sie es sich leisten können. Den Treffpunkt mit der Freundin schlagen sie im Stadtplan nach, um sich nicht zu verlaufen. Aber durch ihr Leben lassen sie sich einfach treiben.

Wir hören schon die Einwände. Nicht alles lässt sich planen! Vieles ist Schicksal oder Zufall! Wir sind ja keine Maschinen. Geschenkt! Aber davon sind wir weit entfernt, und davon reden wir hier nicht. Schicksal? Zufall? Umso mehr Grund, eine Richtung im Kopf zu haben, an der man sich immer aufs Neue orientieren kann.

Im nächsten Teil sehen wir uns ganz genau und ganz systematisch an, wie eine Frau zu einem Plan kommen kann, wie sie diesen Plan umsetzt und wie sie ihr Umfeld dazu bringt, dabei mitzumachen.

Vor jedem Beispiel fassen wir die Erkenntnisse zusammen, die uns bei der jeweiligen Frau besonders wichtig erscheinen. Sie werden beim Lesen aber bemerken, dass Sie sich mitunter von anderen oder von zusätzlichen Aspekten betroffen und angesprochen fühlen.

Die Frauen decken ein breites Feld ab. Sie haben ihren Plan früh gefasst oder spät, sie hatten ein unterstützendes Umfeld oder ein ablehnendes, ihre Beziehung wurde dadurch wieder frisch und neu oder sie trat in den Hintergrund, sie kamen aus privilegierten Umständen oder sie mussten hart um alles kämpfen.

Es gibt bei allen Unterschieden in diesen Geschichten eine Reihe sehr auffälliger Gemeinsamkeiten. Jeder Frau geht es besser, seit sie einen Plan gefasst hat. Und nicht bloß ein bisschen besser: Viel besser geht es diesen Frauen. Jede Frau ist, seit sie ihren Plan umgesetzt hat, auch

in ihrem Privatleben glücklicher. Keine Frau bereut, dass sie diesen Weg gegangen ist – obwohl einige bedauern, dass sie es nicht schon früher taten.
Denken Sie bitte nicht, dass wir geschummelt und nur die Erfolgsgeschichten herausgeklaubt hätten. Unsere Auswahl bezog sich ausschließlich darauf, ein Spektrum von Umständen und Situationen anzubieten, damit möglichst viele Leserinnen sich wiederfinden können. Auch diejenigen Frauen, die keinen Platz mehr in diesem Kapitel fanden, waren von ihrem Weg begeistert.
Claudia ist 37. Sie ist Journalistin, hat ein Kind und ist in zweiter Ehe verheiratet.
Claudias Erkenntnisse:

- Die Bereitschaft zur Anpassung an einen Mann ist in Frauen stark vorhanden.
- Der Zug ist nie abgefahren; eine Kurskorrektur ist jederzeit möglich.
- Das setzt voraus, dass man sich Fehler eingesteht – und einen Plan macht.

»Ich bin in sehr strengen Verhältnissen aufgewachsen und die logische Konsequenz für mich, denn ich bin für diese Art von Erziehung eben nicht der richtige Typ, war Schulabbruch. Die einzige Form, meine Eltern wirklich tief zu treffen, war Leistungsverweigerung.
Sie haben da aber nicht lange überlegt, wie sie mit mir vielleicht anders besser umgehen könnten, sondern sie wollten mir ›zeigen, wer der Herr ist‹, und sie haben mich dann mehr oder weniger rausgeworfen. Ich sollte mir eine Arbeit suchen. Sie haben gedacht, dass ich dann erkennen würde, wie hart das Leben ist, und zurückkommen und die angepasste brave Tochter werden würde,

die sie sich gewünscht haben. Es kam aber anders. Was als Nächstes passierte, lässt mich noch heute den Kopf schütteln über mich selber. Ich habe dann nämlich tatsächlich die Flucht in die Anpassung ergriffen, aber nicht, indem ich zurückkehrte zu den Eltern und zur Schule, sondern indem ich heiratete. Mit 18!
Aber der Reihe nach. Ich habe direkt nach dem Schulabbruch begonnen zu arbeiten, musste ich ja. Ich habe eine Bürolehre gemacht. Ich bin in eine andere Stadt gezogen zu einer Tante, die selber in unserer Familie keine gute Position hatte, weil sie sich um nichts pfiff.
Diese Tante war im Grunde irrsinnig ermutigend. Sie hat nicht geschimpft, sondern sie hat gesagt, ›Mach was aus deinem Leben. Du hast jetzt die Möglichkeit, deinen eigenen Weg zu gehen – nutze sie.‹
Ich habe aber leider nicht auf sie gehört, sondern habe den Erstbesten, der sich für mich interessiert hat, genommen – zum Teil auch weil ich mich geschmeichelt gefühlt habe, dass sich jemand so ernsthaft für mich interessiert.
Im Grunde war das auch sehr ungerecht diesem Mann gegenüber, ich sah ihn ja gar nicht als Person, zu der ich eine Beziehung haben wollte. Es ging eigentlich nur um mich und um eine Fantasie, die ich im Kopf hatte.
Wir Frauen räumen unserer Eitelkeit zu viel Raum ein. Das ist eine echte Falle, die wir uns stellen. Ich kenne viele Frauen, die nicht so leben, wie sie eigentlich wollen, einfach weil sie so begeistert sind, dass sie ein anderer Mensch stattdessen in eine Scheinwelt holt.
Ich bin also, bevor ich überhaupt wusste, in welche Richtung ich gehen wollte, schon am Anfang von meinem Weg abgekommen. Wir haben geheiratet. Er war

auch noch relativ jung, aber schon fertig mit seinem Studium. Er war Ingenieur. Wir haben relativ bald einen Sohn bekommen, er heißt Jonas. Da war ich dann 20.
Unsere Ehe ist nur so recht und schlecht gegangen, weil ich das Gefühl hatte, von mir wird Dankbarkeit erwartet. Ich war ja ein Nichts und ein Niemand und sollte froh sein, in dieser Beziehung ein Refugium gefunden zu haben. Er und seine Familie haben sich als meine Retter aufgespielt. Ich war das Aschenbrödel, die kleine Hausfrau, die man erlöst hatte aus ihrem trostlosen Büroleben. Ich durfte die Mutter des Sohnes sein. Ich habe das nicht gut verkraftet, war auch sehr depressiv.
Mein Glück war, dass ich einen starken Rückhalt in meiner Tante hatte. Ich habe dann, wie ein kleines Kind, mit 23 erneut vor ihrer Tür gestanden, diesmal mitsamt meinem Sohn. Sie war aber nicht erschüttert, sondern sie hat gesagt, dass ich den richtigen Schritt damit getan hätte, nämlich zu ihr, denn wir würden jetzt gemeinsam einen Plan entwickeln.
Der Begriff Plan ist seitdem eine Zauberformel für mich. Ich kann mich noch erinnern, wir saßen in ihrer Küche und haben Kaffee getrunken, es war eine ganz ruhige Atmosphäre. Und Jonas, der sonst immer chronisch geschrien hat, der ein richtiges Heulbaby war – wahrscheinlich, weil er die Unruhe und das Chaos in mir und um mich herum gespürt hat –, hat selig in seiner Wippe gelegen und uns angeschaut. Ich nahm das als Signal dafür, welchen Weg ich gehen musste, dass ich mich selber finden und etwas aus meinem Leben machen musste.
Wir haben dann einen Plan entworfen. Lydia hat gesagt, der wichtigste Schritt würde darin bestehen festzustel-

len, was ich wirklich machen will. Sie hat Recht gehabt. Ich habe eine Weile dafür gebraucht, es war gar nicht so einfach. Es war alles so verschüttet in mir, dass ich eigentlich gar nicht wusste, was ich will. Und ich glaube, dass ganz viele Frauen es nicht wissen, weil sie so vieles andere vorlassen in ihrem Leben. Dinge bekommen eine Wichtigkeit, die mit ihrem Leben eigentlich sehr wenig zu tun haben, und das ist schade.

Es ging jetzt natürlich in erster Linie darum, dass ich ökonomische Eigenständigkeit bekomme. Lydia sagte: ›Wenn du ihn verlassen möchtest, dann tu das. Aber du kannst nicht erwarten, dass du dann lebenslänglich von irgendwelchen Alimenten lebst. Das funktioniert nur kurzfristig und ist unakzeptabel.‹

Sie hat die Dinge immer ganz brutal beim Namen genannt, und dafür bin ich ihr sehr dankbar, weil ich mir gut vorstellen kann, dass ich mir andernfalls eingeredet hätte, dieses kleine Kind zu erziehen sei doch Aufgabe genug. Dafür habe ich verdient, dass jemand für mich sorgte. Ich hätte die Alimente schon in Anspruch genommen, da ich mich ja um Babysitting und alles andere kümmern musste, es war ohnehin nie genug. Aber ich beschloss, mir unterdessen eine Berufstätigkeit aufzubauen.

Ich glaube, dass ein Beruf – Selbständigkeit – ein Fundament ist, ohne das eine Frau heute keinen Tag mehr existieren kann. Das ist wie Sauerstoff. Es ist das, was man zum Leben braucht.

Ich hatte mich immer schon für den Journalismus interessiert. Lydia fand, dass der Beruf als Journalistin für mich verwirklichbar ist, aber dass ich mir eine gute Basis verschaffen müsse, wenn daraus was werden sollte.

Sie gab mir die Rahmenbedingungen vor: Ich konnte während meiner Ausbildung bei ihr wohnen und musste nicht arbeiten, da ich die Alimente nach der Scheidung bekam.
Wenn ich heute zurückdenke, glaube ich, dass ich meine Lektion erst mit 22 gelernt habe. Ein bisschen spät. Aber andrerseits sind das Lehren und Prinzipien, die viele Frauen mit 40 oder 45 noch nicht verinnerlicht haben. Ich treffe oft auf solche Frauen und bin dann völlig schockiert. Ich denke mir, wie beschämend das ist, in diesem Alter in einer solchen Abhängigkeit zu leben. Sich nicht einmal selber durchbringen zu können.
Jedenfalls habe ich meine Ausbildung durchgezogen. Für Journalismus gibt es ja nicht einen einzigen, geraden Weg. Ich habe Französisch und Italienisch gelernt und Politikwissenschaft studiert, ein Studium, das an und für sich zwar leicht ist, gleichzeitig aber auch sehr anspruchsvoll, da man sich seine Ziele selber stecken kann. Ich habe mir gedacht, ich mache den Magister in vier Jahren, dann habe ich einen akademischen Grad, für den man mich dann respektieren wird und der mich qualifiziert. Ich kann es selber kaum fassen, dass ich dann noch mein Doktorat angehängt habe – ich, die Schulabbrecherin. In dieser Zeit habe ich auch schon für das Radio und für eine Zeitung gearbeitet. Und die Idee mit dem Plan, die war das Wichtigste. Danach lief es einfach.
Mit meinem ersten Mann habe ich nicht mehr allzu viel zu tun gehabt. Unsere Wege sind auseinander gegangen; das war ja im Grunde gar keine echte Beziehung gewesen, sondern so ein Fantasiegebilde. Ich habe dann mit 30 noch einmal geheiratet, einen Kollegen. Er war damals Auslandskorrespondent in Amerika, ich war in

Wien. Das war eine ganz große Liebe, und das ist sie heute noch!
Ich habe mich aber trotzdem nicht mit voller Wucht in diese Beziehung geworfen, sondern ich habe mich an meine Tante Lydia erinnert. Sie war zu diesem Zeitpunkt zwar nicht mehr am Leben, leider, aber in meinem Gedanken war sie noch da. Und ich sagte mir: ›Ich muss jetzt einen Plan für die nächsten zehn Jahre entwickeln, und ich muss jetzt überlegen, wie es weitergehen soll, ganz genau.‹
Michael und ich haben uns hingesetzt, und ich habe gesagt, ich will unter keinen Umständen mein Land verlassen. Weil ich hier mir sehr viel aufgebaut habe, hier kann ich mit großer Verlässlichkeit damit rechnen, Erfolg zu haben. Ich reise viel durch Europa, muss oft nach Italien, und ich will jetzt nicht nach Washington gehen, das interessiert mich nicht. Sondern ich will hier meinen Weg weitergehen.
Michael war erstaunt, aber nicht unmutig. Er hat das akzeptabel gefunden. Er hat gemeint, wir müssen dann andere Wege finden, wie wir unser gemeinsames Leben organisieren können. Da waren wir ein bisschen ratlos, da wir keine Beziehung auf Distanz zwischen zwei Kontinenten führen wollten. Und seine spontane Überraschung zu Beginn des Gesprächs habe ich auch ganz interessant gefunden. Ich merkte daran, dass er, obwohl er ein aufgeklärter und liberaler Mann ist, unterbewusst damit kalkuliert hatte, dass ich als Frau ganz selbstverständlich alles fallen lassen und ihm folgen würde.
Als er aber merkte, dass es mir ernst ist, hat er die Konsequenzen daraus gezogen. Er hat gefragt, ob er sich zurückversetzen lassen kann. Das fiel ihm sicherlich nicht

ganz leicht, da Washington ein sehr angesehener Posten ist. Mittlerweile ist er zuständig für eine andere Region, die näher ist an Österreich, und das ist für ihn auch sehr herausfordernd und attraktiv. Er sagt heute im Scherz manchmal: ›Du hast mir Amerika genommen, aber dafür hast du mir Europa geschenkt.‹ Er fliegt unter der Woche binneneuropäisch meistens herum, aber wir sehen uns doch zwei, drei Tage die Woche, und das ist für die Beziehung sehr belebend. Wir bleiben dadurch immer auf Draht, haben uns immer viel zu erzählen, und es gibt zwischen uns etwas ganz Spezielles.

Ich frage mich manchmal, was passiert wäre, wenn ich ein zweites Mal im Leben bereit gewesen wäre, mich anzupassen. Ich glaube nicht, dass es gut ausgegangen wäre. Was wir jetzt versuchen, ist ohne Zweifel viel besser, nämlich unser Leben, unsere Arbeit fair abzustimmen. Das, was wir jeweils als Person sind, verknüpfen wir mit unserer Beziehung, in einer gleichberechtigten Art und Weise. Mir tut es sehr Leid, wenn ich bei den jüngeren Kolleginnen sehe, wie wenige von uns das heute schaffen oder es überhaupt nur gezielt anstreben. Die Tendenz nachzugeben ist noch sehr verbreitet. Und das hat ja nicht bloß private Konsequenzen. Ich sehe auch einen politischen Zusammenhang. Ich glaube, dass wir Frauen, die wir etwas gelernt haben, die wir selbständig sind und eigenständig denken können, diese Gesellschaft grundlegend verändern könnten. Wenn wir uns aber immer wieder zu Hause hinter den Herd zurückziehen und uns hinter dem Rücken der Ehemänner verstecken, dann müssen wir eben hinnehmen, dass die Welt, wie sie sich gestaltet, relativ wenig mit uns zu tun hat.

Und wenn es vielleicht auch nicht immer einfach ist, ein

Gleichgewicht zu halten zwischen dem, was man selber anstrebt, und einer Beziehung, dann muss man bedenken, dass der Weg der Anpassung auch kein leichter Weg ist.
Bei meinem Mann merke ich, dass, je dezidierter ich bin, je klarer ich meine Vorstellungen vermittle, desto mehr kommt von seiner Seite zurück. Bin ich hingegen zerrissen, teste ich, bin ich unsicher, dann kann ich wenig Unterstützung erwarten. Das vage Herumreden in der Hoffnung, dass er dann von sich aus einen Vorschlag macht, das funktioniert nicht und das mag er nicht. Er reagiert viel besser, wenn ich ohne ein allzu großes Theoriegebäude und ohne lange Prinzipiendiskussion sage, was ich will und wie ich es mir vorstelle.
Das ist für mich eine Umstellung, und ich glaube, den meisten Frauen geht es so. Man kann sich aber ganz leicht daran gewöhnen, und im Grunde ist es angenehmer so. Man gewöhnt sich daran, Klarheit zu finden, Forderungen zu formulieren, Ballast abzuwerfen, Entscheidungen zu treffen, sich nicht langfristig mit Umständen zu arrangieren, die niemanden zufriedenstellen, sondern ganz klar zu schauen, was bleibt für mich unterm Strich übrig, was ist das Positive und das Negative an einer Situation.«
Wir stimmen Claudia voll zu – aber wir wissen aus Diskussionen, wie erstaunlich kontrovers ihre Sichtweise unter Frauen ist. »Was bleibt für mich unterm Strich übrig« – das ist eine Formulierung, die Frauen instinktiv abtörnend finden. Sie erleben es als Lieblosigkeit, als Berechnung. Das ist paradox und kurzsichtig, denn niemand kann abstreiten, dass Frauen insgesamt, und das schon seit Jahrhunderten, in ihrer Partnerwahl sehr ge-

nau kalkulieren. Das Einkommen des Mannes und seine Fähigkeit, einen gewissen Lebensstandard zu bieten, sind zentrale Kriterien für seine Attraktivität als Ehemann. Andere Formen des menschlichen Zusammenseins basieren ja auch auf praktischen Erwägungen. Wenn wir gerne Bergsteigen, treten wir nicht dem Segelklub bei; wenn wir eine Babysitterin suchen, engagieren wir nicht jemanden, der keine Kinder mag. Die Vorstellungen müssen zusammenpassen, und wir müssen dasjenige bekommen, was wir brauchen und wollen, sonst ist die Sache sinnlos. Allerdings müssen wir zuerst wissen, was das überhaupt ist, was wir brauchen und was wir wollen.
Esther, 38 Jahre, ist Geschäftsfrau. Ihr Ehemann ist Architekt, die beiden Kinder sind elf und zwölf Jahre alt.
Esthers Erkenntnisse:

- Es ist nicht zu spät.
- Konventionalität ist kein Grund, um so etwas zu ertragen.
- Die Familie geht daran nicht kaputt, sondern es wird besser.

»Ich habe relativ jung geheiratet, und zwar meinen Jugendfreund, der aus einem orthodox-jüdischen Haus stammt. Er war mit seinem Studium schon fertig, als wir geheiratet haben, ich noch nicht. Ich war sehr jung und sehr unsicher. Zum Glück waren meine Mutter und mein Vater stark dahinter, dass ich mein Studium abschließen sollte. Das war der Familie meines Mannes eigentlich nicht so wichtig, für sie war entscheidend, dass ich eine gute Ehefrau und Mutter werde. Aber meine Eltern machten es bei der Eheschließung zur Bedingung.

Hätten meine Eltern mich nicht mehr oder weniger dazu gedrängt, das offiziell festzuhalten, dann hätte ich wahrscheinlich nicht die Entschlossenheit und die Kraft gehabt, mich in diesem Punkt durchzusetzen.
Er war ja, wie gesagt, schon fertig, und wir sind dann ins Ausland gegangen, und eigentlich war das der Grund, warum wir so schnell geheiratet haben, damit ich mitgehen konnte. Ich habe mein Studium flott abgeschlossen und habe dann meinen Sohn bekommen. Nach eineinhalb Jahren kam schon meine Tochter, und schwupps, saß ich in einem amerikanischen Vorort.
Es war alles wahnsinnig bequem, wir haben ein schönes Haus gehabt, mein Mann ist jeden Tag zur Arbeit gegangen. Ich habe ihn ganz klassisch mit dem Auto zur S-Bahn gebracht, habe ihm einen Abschiedskuss gegeben. ›Kiss and ride‹ – so stand es auf dem Schild am Parkplatz.
Am Abend habe ich ihn dort wieder abgeholt. In der Zwischenzeit bin ich mit den Kindern herumgefahren und habe sie zu den so genannten »playdates« gebracht, also Spielverabredungen für kleine Kinder, damit sie lernen, mit anderen zurechtzukommen. Und mein intellektuelles Leben bestand aus Leseklubs, die sich in der Bibliothek trafen. Also, es war alles wirklich sehr konventionell, wenn ich heute darauf zurückblicke.
So saß ich also da mitsamt meinem fertigen Studium. Drüben war das alles so ganz normal, es war gar keine Frage, dass mein Leben jetzt in diesen Bahnen läuft: Er macht die Karriere und ist der Haupternährer der Familie, und ich kümmere mich um die häuslichen Angelegenheiten. Das hat niemand angezweifelt, und selbst für meine Eltern war das okay, denn ich habe mich ja um

die Kinder gekümmert. Ich hatte meinen Studienabschluss übrigens auch mit ›sehr gut‹ gemacht.
Dann kam aber ein Einschnitt. Die Kinder waren mittlerweile am Ende der Volksschule. Mein Mann sollte die Firma seines Vaters in Österreich übernehmen, weil er einen Schlaganfall gehabt hatte, und so mussten wir wieder zurück. Es wurde für mich damit abrupt alles komplett anders. Wir waren wieder in Wien, wir haben unseren amerikanischen Wohnsitz komplett aufgelöst. Und in Wien gab es aber diese akzeptierte Hausfrauen-Kultur nicht. Hausfrau zu sein, bedeutete hier tatsächlich, isoliert zu sein. Man war nicht in so einer großen Gruppe eingebettet, es gab keine Infrastruktur. Ich saß in meiner Wohnung im 18. Bezirk, mein Mann ist zur Arbeit gegangen, die Kinder sind in die Schule gegangen. Es war nicht einmal so, dass ich die Kinder in die Schule hätte bringen müssen, denn dann hätte ich wenigstens die anderen Mütter getroffen. Nichts.
Im Grunde war es die programmierte Krise. Und sie kam auch. Wir hatten eine echte Ehekrise. Es war furchtbar. Mein Mann kam am Abend heim, und ich habe ihn mit Vorwürfen erwartet. Ich wollte alles Mögliche machen und habe mich dauernd bei ihm beschwert.
Ich habe dann langsam versucht, einen neuen Freundeskreis zu organisieren, den er im Grunde nicht wollte oder nicht haben konnte, weil er mit der Firma so belastet war. Mein einziges Highlight war, zwischendurch ins Fitnesscenter zu gehen, wo ich mich auch nicht wohl gefühlt habe, weil ich doch in den gemütlichen Jahren ziemlich viel zugenommen hatte und mich zwischen den Lycra-Damen, die alle ganz toll ausgeschaut haben, pummelig und unförmig gefühlt habe.

Also, es war eine furchtbare Situation, die auch meinem Mann gegenüber ungerecht war, denn er hat hart gearbeitet – 14 Stunden am Tag – und was findet er vor, ein Klima aus Vorwürfen und Unzufriedenheit. Mich wundert es, dass wir es ein Jahr lang ohne einen größeren Skandal ausgehalten haben.
Dann kam mir in den Sinn, dass ich in Amerika doch mitbekommen habe, wie unternehmerisch alle dort sind. Und ich hatte doch schließlich Welthandel studiert. Dann habe ich mich erinnert, dass mein Mann mir immer erzählt, dass das Bauen ihm viel Freude machte, aber wenn es besonders interessant werde, wenn es darum gehe, die Häuser auch einzurichten, sei er eigentlich schon weg vom Fenster, denn er mache ja nur die Hülle.
Da habe ich mir gedacht, dass ich doch recht gut Sachen organisieren kann und das Know-how habe. Wie wäre es denn, wenn ich mich mit einem eigenen Business an sein Unternehmen anhänge und den Leuten, die sich von meinem Mann Wohnungen und Häuser bauen lassen, anbiete, diese einzurichten.
Ich habe also eine eigene kleine Firma gegründet, unabhängig von meinem Mann. Ich wollte das alles getrennt haben von ihm. Ich wollte, dass es ganz und allein mein Erfolg oder mein Untergang wäre. Ich habe mir einen Kredit dafür aufgenommen, und mein Mann war im Grunde skeptisch, aber nicht negativ. Aber auch nicht wirklich euphorisch.
Ich glaube, das müssen wir Frauen lernen, dass wir nicht gleich aufgeben, wenn wir nicht sofort den totalen Zuspruch ernten. Er hat schon gefunden, dass es eine gute Idee ist. Er ist ja selber auch sehr geschäftstüchtig. Er hat

gespürt, dass da was dran ist, dass es eine Marktchance hat. So ist es dann auch gekommen. Heute floriert und wächst mein Unternehmen. Wir sind mittlerweile nicht mehr in Wien, sondern wir sind nach Deutschland gegangen. Wir haben jetzt einen neuen Standort in Mitteldeutschland, was eine ganz große Herausforderung ist.

Ich muss sagen, dass sich unsere Beziehung schlagartig geändert hat, mit dem Tag, an dem ich in der Bank saß und für den Kredit meinen Geschäftsplan abgegeben habe. Von dem Tag an war alles komplett anders. Ich habe gewusst, dass die Zeit, wo ich ›full service‹ im Haushalt geboten habe, abgelaufen ist.

Ich habe mich hingesetzt und habe parallel zu meinem Geschäftsplan auch einen Plan für die Haushaltsorganisation entwickelt. Meine Meinung ist, dass Haushalt nur deshalb so ein Riesenpunkt ist und so viel Chaos hervorruft, weil wir es zulassen, dass dieser Arbeitsbereich derart emotionalisiert wird. Seien wir ehrlich: weil die Frauen ein sehr großes Interesse daran haben, dass dieser Bereich mit viel Trara und Drama versehen ist. Für sehr viele Frauen ist es die einzige Bestätigung, und sie wollen natürlich dafür in emotionaler Münze bezahlt werden. Für mich war es, wenn ich ehrlich bin, in meiner Hausfrauenzeit auch nicht anders, aber das hörte schlagartig auf, als ich mein eigenes Business gestartet habe.

Ich habe eine Haushaltshilfe angestellt, die dreimal in der Woche kommt. Einfach um die Wohnung in Schwung und mir die Wäsche vom Hals zu halten. Das war Punkt eins. Dann bleibt natürlich noch immer genug übrig: der gesamte Einkauf, das Kochen, und wir essen gerne gut – ich achte darauf, dass sich die Kinder gesund ernähren und kein Junkfood essen. Natürlich ist noch übrig geblieben die Beaufsichtigung der Hausaufgaben, die Zuständigkeit für die Kinder. Mir war auch klar, dass, wenn dreimal in der Woche die Haushälterin kommt, viermal in der Woche noch immer die Betten zu machen sind, das Badezimmer zu versorgen ist usw.

Ich habe eine Liste gemacht und mit meinen Kindern und meinem Mann gemeinsam überlegt, wie wir uns das aufteilen. Wir haben eine ganz klare Arbeitseinteilung entwickelt. Die Kinder sind für das Frühstück zuständig. Wir sind, glaube ich, eine der wenigen Familien, die von den Kindern geweckt wird. Die Kinder sind ja jetzt schon zwölf und 13 Jahre alt, und ihnen macht das sogar Spaß – sie wecken uns, legen den Toast ein, stellen den Kaffee hin, manchmal gibt es sogar weiche Eier. Wir frühstücken gemeinsam, dann gehen die Kinder ins Bad und mein Mann und ich plaudern noch ein bisschen am Frühstückstisch. Eigentlich geht es schon ganz heiter los. Ich glaube, das ist ein gutes Signal, wenn die Kinder mitbekommen, dass sie echte Stützen der Familie sind, dass sie für etwas ganz Zentrales, das uns auch wichtig ist, zuständig sind. Die Konsequenz, jeden Tag etwas verlässlich machen zu müssen, davon halte ich sehr viel.

Vor allem ist es dadurch nicht nur die Situation, dass mein Mann und ich uns das teilen, sondern insgesamt als Familie gibt es bei uns andere Rollen. Was hilft es, wenn er und ich uns die Hausarbeit gerecht aufteilen und die Kinder leben trotzdem in einem Serviceparadies. Das war, glaube ich, eine der besten Ideen, die ich gehabt habe.

Mein Mann ist zuständig für das Einkaufen. Einerseits, weil das eine Sache ist, die anstrengend ist und Kraft ver-

langt, im Sinn von Schlepperei, aber auch, weil es ihn mehr in den Haushalt einbindet. Er denkt dann darüber nach, was wir essen könnten, was wer gerne hat.
Ich glaube, dass dieses voreilige In-den-Supermarkt-Gehen seitens der Frauen eine falsche Strategie ist. In den Supermärkten sollten in erster Linie die Männer unterwegs sein, weil dann sind sie auch wirklich mitten drin im Familienleben.
Das hat auch noch einen anderen sehr guten Nebeneffekt in unserem Leben gehabt. Er kommt dadurch jetzt früher nach Hause. Das heißt um sechs geht er meistens von der Firma weg und kommt dann so um viertel vor sieben heim. Wenn er nicht diesen Fixpunkt hätte – wir alle warten aufs Abendessen –, würde er vielleicht erst um acht, neun oder zehn Uhr nach Hause kommen. Gekocht ist schnell – wir machen meist Fisch oder Spaghetti. Das ist überhaupt keine Affäre.
Die Abende sehen so aus, dass ich sehr viel unterwegs bin. An den Abenden macht mein Mann deshalb dann sehr viel mit den Kindern. Eines der Kinder ist schlecht in Mathematik, es hat eine richtige Abwehrhaltung dagegen. Da ist es nahe liegend, dass sich mein Mann mit ihm beschäftigt.
Ich bin am Abend deshalb viel unterwegs, weil dann immer die Ausstellungen sind, die Stoffpräsentationen usw. Ich organisiere mein Business natürlich auch sehr auf der Ebene von Kontakten. Ich treffe meine Kunden, meist sind es die Frauen der Familie, die für die Einrichtung zuständig sind. Und ich habe ein gutes Gefühl wegzugehen, weil ich weiß, dass mein Mann bei den Kindern ist. Ich glaube, dass diese Beziehung erst so gut gewachsen ist, weil ich mich sehr zurückgezogen habe.

Früher war das so, dass er am Abend gar nichts mehr zu tun hatte. Ich habe alles gemacht, und weil ich am informiertesten war, habe ich auch noch die ganze Hausaufgabenbetreuung übernommen. Jetzt liegt das eher in seiner Hand, und das finde ich sehr günstig.

Es ist extrem ironisch. Seitdem ich jetzt so intensiv berufstätig bin, habe ich ein viel entspannteres Leben. Ich arbeite zwar sehr viel, und es ist oft aufwändig und anstrengend, aber in Wirklichkeit habe ich jetzt ein viel einfacheres Leben, verglichen mit der Zeit, als ich noch nicht gearbeitet habe bzw. noch Familienfrau/mutter war.

Ich kann allen Frauen nur ganz dringend raten, die Flucht aus den Haushalten zu ergreifen. Ich habe zu lang gewartet, keine Frage. Als die Kinder in die Grundschule gingen, da hätte ich schon in den Beruf starten können.

Das Interessante war, dass ich im ersten Jahr meiner Berufstätigkeit schon zehn Kilo abgenommen habe. Weil ich ständig in Bewegung war und wenig Zeit zum Essen hatte, weil ich mich mehr für mein Aussehen interessierte und weil ich mich belohnte, indem ich mir schicke Sachen gekauft habe.

Ich glaube, ich bin für meinen Mann auch sehr viel attraktiver geworden. Unser Sexleben heute ist mit dem vor fünf Jahren nicht zu vergleichen. Ich bin einfach interessanter für ihn und bin auch nicht ständig da, ich bin keine Selbstverständlichkeit, und das bringt wieder Spannung. Es ist eine andere Situation und ich glaube, dass wir heute eine ganz andere Beziehung führen.

Für meinen Mann ist das Leben anstrengender geworden. Er hat ja auch sein orthodoxes Umfeld, was Familie, Verwandte und den alten Freundeskreis betrifft, und in dieser jüdischen Gesellschaft müssen Frauen noch immer ›funktionieren‹. In diesem Umfeld wurde er anfangs sehr bemitleidet, und das war mir unangenehm. Ich wurde sogar offen angegriffen, bei Familienfeierlichkeiten im Tempel. Er hat so getan, als ob das nichts mit ihm zu tun hätte. Er hat sich davongeschlichen und erwartet, dass ich etwas sage, dass ich mich wehre. Das war der erste und einzige wirklich große Streit, den wir gehabt haben. Ich habe ihm gesagt, du musst jetzt zu dieser Sache stehen. Schließlich bist du ja einverstanden mit diesem Leben, es gefällt dir, es tut uns allen gut, auch dir. Warum schämst du dich dann zu sagen, dass du es in Ordnung findest?

Das war ein großer Schritt für ihn. Er hat sich in dieser so konventionellen Gesellschaft als Versager gefühlt. Er hat die zwei Welten, in denen er lebte, die konventionelle und die moderne, nicht zusammenführen können.

Ich glaube, dass viele Männer in diesem Konflikt leben, viele Frauen natürlich auch. Und das zweite ist das größere Problem. Ich bin überzeugt davon, dass der Wandel von den Frauen ausgeht. Die Veränderung geht von den Frauen aus, wenn es um Familie oder Zusammenleben geht.«

Anne ist Fotografin, ihr Mann Optiker und in der Forschung tätig. Sie haben zwei Töchter.

Annes Erkenntnisse:

- Es ist nie zu spät, das Ruder noch herumzureißen.
- Ein Plan kann auch unter erschwerten Umständen wahr werden.
- Der Mann kann sich sträuben, aber langfristig schadet er damit nur sich selber.

Von Anne sind wir, um das gleich schon mal vorwegzunehmen, ziemlich hingerissen. Sicherlich ist Ihnen schon aufgefallen, dass etliche unserer bisherigen Interviewpartnerinnen aus günstigen Vorbedingungen ins Leben gingen. Sie hatten liebevolle Eltern, die ihrer Tochter viel Selbstvertrauen schenkten, oder exzentrische Eltern, die sie zum eigenständigen Denken erzogen, oder wohlhabende Eltern, die ihnen eine tolle Ausbildung und viele risikofreie Experimente ermöglichten. Anne hatte nichts von all dem.
Ihr persönlicher Wendepunkt kam später – und das ist der zweite, der schmerzhaftere Weg – per Schockeffekt. Sie erinnern sich vielleicht an Helen, an die Aufforderung ihres Mannes, dieses ›Get a life!‹ löste bei ihr einen heilsamen Schock aus. Bei Anne war es ein Ausspruch ihrer Tochter.
»Es ist wirklich für mich ein langer Kampf gewesen, mich als Person in irgendeiner Weise sichtbar zu machen. Ich bin kein hübsches Mädchen gewesen, war das klassische hässliche Entlein. Wenn ich heute meine Fotos aus meiner Schulzeit ansehe, dann verstehe ich nicht, was in meine Mutter gefahren ist, dass sie mich so herumlaufen ließ. Ich trage viel zu große, zu dicke Brillen – ironisch, dass ich einen Optiker geheiratet habe –, ich hatte noch Zöpfe in einem Alter, wo alle schon schicke Kurzhaarfrisuren hatten, ich hatte in Zeiten, wo alle Minis getragen haben, unglückselige Röcke, diese quadratischen Röcke bis zum Knie. Ich war merkwürdig ausstaffiert, und ich war sicher ganz durchschnittlich hübsch gewesen, wenn auch keine Schönheit. Irgendwie hat mir das auf eine gewisse Art und Weise meine Jugend vermasselt, weil ich überhaupt kein Selbstwertge-

fühl gehabt habe. In diesem Alter hat man ja so viel Angst vor der Meinung der anderen und will dazugehören und nicht negativ herausragen.
Es ging nicht nur ums Aussehen. Auch sonst hat es bei mir zu Hause wenig Ermutigung gegeben, irgendetwas aus meinem Leben zu machen. Ich war stets sehr visuell, sehr optisch interessiert, mein großer Traum war eine Fotografinnenkarriere. Also Karriere, das ist zu viel gesagt, sondern überhaupt eine Ausbildung hätte ich mir gewünscht. Meine Eltern waren dagegen, sie fanden das sinnlos, ich musste Lehrerin werden.
Also bin ich Lehrerin geworden. Ich hab es aber absolut gehasst. Meine Erinnerungen an die Schulzeit waren denkbar schlecht, und jetzt sollte ich selber vor einer Schulklasse stehen, das war wie lebenslänglich Schule, eine Strafe! Das war wohl auch ein Grund, warum ich ziemlich überstürzt geheiratet habe – um dem zu entkommen.
Ich habe meinen Mann in einem Brillengeschäft kennen gelernt. Ich war gerade im Begriff, mir eine Brille auszusuchen, und er stand zufällig da und besprach irgendetwas mit dem Besitzer. Normalerweise war ich überhaupt nicht draufgängerisch, eher schüchtern, aber er hat mich beraten, wir haben Spaß gehabt. Wir sind dann zusammen weggegangen, einen Kaffee trinken. Und innerhalb von wenigen Wochen waren wir eigentlich ganz klassisch verlobt.
Der Kommentar meiner Mutter war: ›Gott sei Dank hast du zugeschlagen, wir haben schon gedacht, du bleibst übrig.‹ Es war im Grunde alles recht bieder bei uns zu Hause. Der größte Albtraum meiner Eltern war, dass ich als alte Jungfer ende. Die Ehe war ein ganz

wichtiges Ziel. Dafür haben sie sogar verkraftet, dass mein Mann bereits verheiratet gewesen war, geschieden war und einen Sohn aus erster Ehe hat. Geschieden, das war normalerweise nicht okay, in ihrem Weltbild. Aber dass ich keinen mehr abkriege, das wäre noch schlimmer gewesen.

Lothar ist 14 Jahre älter als ich. Er war natürlich sofort der Big Boss, hat immer gewusst, wo's langgeht. Was für mich der große Bonus war: Ihm war es völlig recht, dass ich nicht mehr unterrichtete, er hat genug verdient für uns beide. Ihm war sehr daran gelegen, ein bequemes Leben zu führen. Ich habe ihn bedient von hinten bis vorn, habe den Haushalt gemacht, habe kochen gelernt. Ich habe dann sogar große Abendessen durchgestanden, obwohl mir das ziemlich verhasst war. Ich habe mich dann gefragt, ob nicht Unterrichten sogar noch die bessere Alternative gewesen wäre, statt jetzt seine Geschäftsfreunde zu unterhalten, das war nämlich auch nicht sehr angenehm. Im Grunde war es grotesk, wie wir gelebt haben. Er hat z. B. an einem Samstagvormittag den falschen Tennisschläger erwischt. Dann hat er mich angeklingelt, und ich war quer durch die Stadt unterwegs Richtung Stadtrand, um ihm den richtigen Schläger zu bringen. Im Grunde war ich eine Art Spürhund für alles, was er verlegt, verloren und vergessen hat. Ja, eine Dienerin oder, wenn man es höflicher sagt, ein umfassender Dienstleistungsbetrieb.

Dann habe ich die Kinder bekommen, relativ bald, meine Töchter. Die sind dann natürlich verwöhnte Fräuleins geworden, denn ich habe mit ihnen dieselbe Show abgezogen wie bei Lothar. Als sie dann ins Teenageralter gekommen sind, ist ihnen das wohl irgendwann aufgefal-

len. Und eines Tages hat meine Mariella zu mir gesagt: ›Mama, dein Leben möchte ich nicht führen. Ich möchte 100 Prozent anders leben. Es ist so traurig, was du dir alles gefallen lassen musst.‹
Das war ein Satz, der tief in mein Herz geschnitten hat, und ich habe gedacht: Das ist doch nicht möglich, das ist einfach nicht möglich, dass mich meine Tochter so sieht. Dass ich 14 Jahre lang dieses verhängnisvolle Spiel mitgemacht habe und ihr vermittelt habe: Unterordnung ist ein weibliches Attribut, dienstfertig zu sein ist eine weibliche Selbstverständlichkeit, so läuft das Leben.
Ich muss sagen, ich habe mich zutiefst geschämt. Ich wusste gar nicht, wie es für mich weitergehen sollte. Ich bin von meinem Elternhaus her ein religiöser Mensch. Ich habe eine sehr starke Beziehung zu einem Pater, der zehnmal so progressiv ist wie mein Elternhaus. Ihm habe ich mich über die Jahre immer wieder in einer nicht ganz klassischen Beichtform anvertraut, fast mehr in Richtung therapeutische Begleitung. Ich bin dann also zu ihm gegangen und habe ihm das unter Tränen erzählt. Und er hat gesagt, dass wir den Auftrag haben, diese Welt zum Besseren zu verändern, und dass ich das jetzt tun müsse – für mich und für meine Töchter. Er hat mich nach meinem Traum gefragt, ob es in meinem Leben etwas gegeben hatte, das ich unbedingt machen wollte. Und mir ist sofort wieder die Fotografie eingefallen.
Ich habe dann meinem Mann gesagt, dass ich wieder mit der Fotografie beginnen möchte und dass ich ja jetzt viel mehr Zeit dafür habe, weil unsere Töchter schon größer sind. Er war dagegen. Er meinte, er würde nicht sehen, wie ich die nötige Zeit dafür finden sollte. Es müsse ja

alles funktionieren, und das Haus sei auch aufwändig. Sein Leben wäre anstrengend genug, und er brauche meine Unterstützung, und außerdem sei das teuer, eine Fotografenausbildung zu machen.
Das war mein zweiter Schock, dass er so reagiert hat. Ich hatte geschuftet, jetzt über Jahre, umsonst in Wirklichkeit. Mit Geld war es immer problematisch, er behielt alles unter Kontrolle, und im Grunde lebte ich auf Taschengeldbasis. Und zunehmend sah ich, was da eigentlich gelaufen war. Ich wusste gar nicht, was ich die letzten 16 Jahre eigentlich mit meinem Leben getan hatte, dass ich das alles einfach so ertragen hatte.
Ich habe mich dann einfach kurz entschlossen in der Volkshochschule angemeldet, das war ein minimaler Beitrag, den man für den Kurs bezahlen musste. Ich habe mir in den nächsten zwei Jahren alles über Fotografie beigebracht und angelernt. Ich habe mir Geld vom Haushaltsgeld abgezweigt, ich habe Fotobücher gelesen. Ich habe sogar einmal Seiten von einem Buch in der Bibliothek herausgeschnitten, weil das Buch zu teuer war. Ich schäme mich dafür, aber ich hab es getan. Ich bin auch in die Akademie gegangen. Es gab Vorlesungen, in die man sich einfach so hineinsetzen konnte, das war gratis, und in dieser Weise bin ich ziemlich gut weitergekommen.
Zur selben Zeit habe ich angefangen, Handball zu spielen. Ich war früher eine wahnsinnig gute Handballerin, und in der Schule meiner Tochter war der Handballcoach ausgefallen. Da habe ich mich angeboten. Meine Töchter waren so stolz auf mich! Zuerst war es ihnen peinlich, aber als sie dann sahen, wie toll ich spiele und wie gut ich bei den Kindern ankomme, hat ihnen das

sehr imponiert. Eines kann ich jeder Frau nur raten: unbedingt Sport zu machen. Und am besten Sport mit jungen Menschen. Es beflügelt, es macht wieder neu. Ich habe gemerkt, dass ich schon so resigniert war, mit so vielem abgeschlossen hatte. Und wenn man in der Gruppe mit diesen jungen Mädchen ist, die sich hineinschmeißen und so viel Spaß am Leben haben und lachen und toben, einfach so.

Das ist sehr inspirierend. Ich glaube, dass mir das sehr viel Kraft gegeben hat, dieses Training mit ihnen, zweimal in der Woche. Ich versuche es jetzt auch noch durchzuziehen.

Also mein Verhältnis zu den Töchtern hat sich um 180 Grad zum Positiven gedreht. Und es war eine beidseitige Verbesserung. Ich habe mich wieder daran erinnert, wie unglücklich ich in ihrem Alter war, und ich habe dann angefangen, mich für ihre Garderobe zu interessieren und was sie sich wünschen und wie sie sich sehen.

Das ist jetzt vier Jahre her, und das Interessante ist, dass mein Mann, der zuerst in absoluter Opposition war – also von Trotzen bis Toben stand alles auf dem Programm –, dann ganz plötzlich angefangen hat, sich mit mir zu brüsten. Er hat mich vermitteln wollen für irgendwelche Hochzeits- und Familienaufnahmen in seinem Freundeskreis. Aber ich habe dann gesagt: ›Nein, nein, ich mache das nicht auf dieser Hausfrauenebene, im Stil von Tupperwarepartys. Nein, ich mache das ganz professionell. Ich möchte richtig als Fotografin arbeiten.‹

Dann habe ich großes Glück gehabt. In der Schule gibt es diese Jahrbücher, und die ganze Schule wird dafür fotografiert. Die Fotografin, die das machen sollte, hatte einen Skiunfall. Es war aber schon alles angekündigt, und ich bin eingesprungen. Das war eigentlich mein großer Einstieg. Die Schulfotos sind großartig geworden, und zwar einfach deshalb, weil der Auftrag für mich nicht Routine war. Ich habe mich wirklich total reingeschmissen. Ich habe z.B. die Kinder ihre Lieblingsorte bestimmen lassen und sie dort fotografiert. Also ich habe wirklich weit über das übliche Ausmaß gearbeitet. Das hat mir auch Spaß gemacht. Ich habe alles ganz neu und anders gestaltet, bis hin zum Cover.

In der Schule gibt es ja viele Eltern, die in verschiedenen Sparten tätig sind, und wie das Glück es will, ist durch diese Sache jemand, der eine Agentur besitzt, auf mich aufmerksam geworden. Um die Geschichte kurz zu machen: Heute mache ich alles für diese große Agentur, ich bin im totalen Einsatz, und der nächste Sprung ist, dass ich ziemlich viele Auslandsaufträge erhalten werde.

Und, oh Wunder, mein Mann findet das alles nun sehr aufregend. Er sagt, okay, wenn ich ein Fotoshooting in Slowenien habe, was jetzt in zwei Wochen der Fall sein wird, dann begleitet er mich, weil er war noch nie dort. Er bezeichnet sich jetzt als meinen ›Hausmann‹, und er sagt, er wird das männliche Damenprogramm absolvieren. Er findet das jetzt sehr originell und sehr witzig, weil er auch viel Bewunderung im Freundeskreis dafür bekommt. Auch die Frauen finden diese neuen Entwicklungen in meiner Ehe sehr interessant. Wir haben einen großen Bekanntenkreis. Lothar ist immer der Erste, der dann meine neuesten Fotoserien hervorholt und herumzeigt. Das ist ein guter Eisbrecher, denn Bilder sind sicher etwas sehr Sinnliches, etwas zum Anfassen, etwas,

was mit Stimmung zu tun hat, womit man die Leute gut einbeziehen kann.
Mittlerweile fotografiere ich natürlich auch Freunde, wenn sie es gerne möchten. Ich habe jetzt gerade einen großen Hochzeitsauftrag gehabt, und mir hat das riesigen Spaß gemacht. Mein Leben hat sich komplett verändert. Und das Witzige ist, obwohl ich viel weniger Zeit habe, habe ich ein viel intensiveres Verhältnis zu meinen Töchtern.
Mein Mann war in einem Punkt etwas verunsichert, das war meine finanzielle Unabhängigkeit. Sein erster Satz, als ich meinen ersten großen Scheck bekam, war: ›Jetzt brauchst du mich ja gar nicht mehr.‹ Das zeigt ja unterschwellig, dass über diese Abhängigkeit auch sehr viel Sicherheit und Kontrolle für ihn gelaufen ist. Jetzt ist das vorbei. Ich habe ihm geantwortet: ›Jetzt bin ich bei dir nicht, weil ich dich brauche, sondern weil ich dich möchte.‹
Wobei – mich freut sein ›Turnaround‹ natürlich, aber ich bin mir, ehrlich gesagt, nicht ganz sicher, ob ich wirklich mein ganzes restliches Leben mit ihm verbringen möchte. Die Töchter werden bald aus dem Haus sein, drei Jahre noch, und dann studieren sie. Sie werden nach England gehen. Und ich weiß nicht, ob ich dann mit diesem Mann alt werden möchte. Ich bin ihm für manches, wenn ich ganz ehrlich bin, schon böse. Manchmal denke ich mir, meine Mutter hat mir meine Kindheit geraubt, indem sie sich nicht um mich geschert hat, und mein Mann hat mir meine jungen Ehejahre geraubt, weil er mich so benutzt hat. Klar, ich war kein hilfloses Opfer. Da gehören zwei dazu, ich habe mich benutzen lassen, ich habe mitgemacht, ich habe keine andere Per-

spektive gesucht. Gott sei Dank habe ich es jetzt gemacht, und jetzt bin ich glücklich. Wir leben zufrieden und relativ ausgeglichen.

Nur glaube ich, dass ich ein bisschen was nachholen muss. Ich brauche, das spüre ich jetzt durch meine Bilder und durch diesen neuen Blick auf die Welt und auf mich selber, ich brauche Spannung, ich brauche Wertschätzung. Seine Einstellung zu mir ist ein bisschen herablassend. Jetzt bin ich vielleicht zu kritisch, denn alle anderen finden es toll, wie er sich verhält und dass er da mitspielt. Aber ich finde, das ist das Minimum, was er mir schuldet. Eine Art minimale Wiedergutmachung.

Also insgesamt bin ich glücklich, würde ich sagen. Zufrieden. Ich sage mir jeden Tag: Das ist mein einziges Leben. Ich muss es so gestalten, dass ich das Gefühl habe, ich freue mich auf jeden Tag, ich lebe jeden Tag neu, und jeder Tag ist aufregend. Das ist etwas, was ich mir auch selber schulde, was ich mir verdient habe. Und je öfter ich mir das vorsage, umso fragwürdiger wird meine Beziehung, umso blasser wird meine Beziehung. Und ich glaube nicht, dass ich da ungerecht bin.

Ich habe auch durchaus das Gefühl, dass wir uns nach all den Jahren auch in Richtung gute Freundschaft entwickeln können. Wenn ich all die langfristigen Beziehungen betrachte, sind gerade die, die ich als glücklich bezeichnen würde, in Wirklichkeit Freundschaften. Natürlich, wie soll das noch gehen mit der Spannung, der Herausforderung, dem Esprit nach 20 Ehejahren? Und vor allem, wenn sich Ressentiments aufgebaut haben und Vorwürfe. Ich glaube, wenn die Sache mit meinem Mann anders gelaufen wäre, wenn ich von Anfang an

ein eigenes, unabhängiges Leben hätte führen können, wäre unsere Beziehung jetzt noch lebendig. Oder wenn er mich zumindest unterstützt hätte, als ich meine ersten Schritte getan habe, dann wäre ich ihm heute innerlich nicht so böse. Ich bin ihm trotz allem, was passiert ist, wohlgesonnen. Ich schätze ihn für das, was er ist. Aber ich glaube, dass es, wenn man ehrlich ist, im Leben manchmal so eine Art Reisedatum gibt, einen Punkt, wo man spürt, ein Aufbruch naht. Und ich bin vielleicht an so einem Wendepunkt.
Mich wundert das selber, weil ich ja überhaupt keine progressive Mitgift habe. Lebensabschnittspartner oder solche Begriffe sind mir fremd. Ich bin in allen Belangen immer konventionell erzogen worden, ich bin katholisch, ich bin wertkonservativ, und trotzdem denke ich, das Leben ist ein solches Abenteuer, ich darf es nicht an mir vorbeigehen lassen. Ich bin jeden Tag dankbar für meinen Beruf, ich bin jeden Tag dankbar für mein Verhältnis zu meinen Töchtern und ich bin auch zufrieden, dass ich meinen Mann in seinen Einstellungen durch meine Handlungen doch so weit verändern konnte, dass wir jetzt friedlich miteinander leben können.«
Das ist eben das Problem mit den Hierarchien. Niemand ist freiwillig und gerne unten. Um sie dort zu halten, muss man ihnen einreden, dass sie nichts Besseres verdient haben, nichts anderes können, dass Gott es so will, dass es ihnen dafür aber dann im nächsten Leben besser gehen wird – irgendeine Erklärung muss her, wenn »Partnerschaft« so aussieht, dass der eine Tennis spielt und der andere ihm mit dem gewünschten Schläger hinterherhetzt.
Lothar hat, wie Anne ja auch sagt, ihr kein Messer an

die Brust gehalten. Er hat nur dort fortgesetzt, wo Annes Mutter ihre Arbeit niederlegte: beim schwachen Selbstwertgefühl der jungen Frau. Das nimmt sie ihm, obwohl er sich in dieser Zeit oft beleidigend und bedrohlich verhalten hat, noch nicht so besonders übel. Das kann noch ein – wenn auch lange andauerndes – Missverständnis gewesen sein. Er kann noch gedacht haben, dass Anne in einer solchen hierarchischen Struktur zufrieden ist und gar nichts anderes haben will. Schließlich war sie froh, ihren Beruf loszuwerden und stattdessen Hausfrau zu sein – eine klare Entscheidung für eine hierarchisch untergeordnete Position.

Spätestens, als Anne ihm ihren wiedererwachten Traum von der Fotografinnenausbildung anvertraute, hörte dieses Missverständnis auf. Was danach passierte, war keine Fehlkommunikation mehr, sondern ein bewusster Versuch Lothars, seine hierarchische Position auf Annes Kosten zu halten.

Und heute? Wir haben Lothar nicht kennen gelernt und haben nicht mit ihm gesprochen. Seine »humorvollen« Anmerkungen mögen nur sein leichtherziger Umgang mit der veränderten Situation sein. Oder es kann, wie Anne glaubt, Herablassung mitschwingen. Und Verunsicherung.

Anne ist in unseren Augen beispielgebend, weil sie unter schwierigen Voraussetzungen ihren Weg fand. Allein die Art und Weise, wie sie sich eine Ausbildung zusammensparte, ist schon vorbildhaft (wobei wir nicht die generelle Empfehlung ausgeben möchten, sich nun an Bibliotheksbüchern zu vergreifen). Jede Chance, die sich auftat, hat Anne genutzt. Sie mögen das vielleicht nicht so bemerkenswert finden, aber wir erleben täglich, wie

Frauen ähnliche Chancen achtlos zur Seite schieben. Sie wollen doch einen Job, einen richtigen künstlerischen Job – nicht bloß für eine Schulfotografin einspringen, die sich beim Skifahren verletzt hat. Für Anne führte dieser banale Kleinauftrag zu einer echten internationalen Karriere. Kontrastieren wir das mit unserer Bekannten Trina. Seit wir sie kennen, sucht die 26-Jährige einen Job, der »zu ihrer Ausbildung passt«. In Abständen spaziert ihr eine Chance über den Weg, aber sie greift keine einzige davon auf. Vertretungsjob? Nein, das führt ja doch nirgendwo hin. Projektmitarbeit? Nein, sie braucht etwas Dauerhaftes. Diese Frauen verwechseln »jobben« – was tatsächlich perspektivlos sein kann, aber nicht muss – mit »Chancen ergreifen«. Anne nahm etwas Geringfügiges und machte etwas Besonderes daraus – und fiel dadurch auf. Wie schon bei Emmy Werner ist es auch bei Anne die Grundhaltung, die den Ausschlag gibt.

Als wenn wir dafür noch einen Beweis gebraucht hätten, spazierte ein solcher hilfreich mitten in unser Interview. Marion, Annes beste Freundin, kam zufällig vorbei, bekam das Thema mit und gab gleich ihre eigene Reaktion dazu ab.

»Ich kenn Anne schon ganz lange. Und diese Entwicklung jetzt, ja die ist einfach unglaublich. Wir sind ja ein mehr oder weniger fixer Freundeskreis über die letzten 16 Jahre. Wir sehen uns regelmäßig. Ich kann mich sogar noch an die Hochzeit erinnern, in Weiß und mit Blütenkranz, ein schüchternes, etwas ungelenkes Mädchen ... Und so, wie Anne heute dasteht, das ist etwas, das mich im Grunde total verunsichert. Wir sind, wie schon gesagt, so eine Gruppe, fünf Paare. Die Männer sind zusammen im Tennisklub, erfolgreiche Männer sind es, und wir sind die Frauen neben oder hinter diesen Männern. Wir leben alle in schönen Häusern oder Wohnungen. Es geht uns gut, wir haben wohlerzogene Kinder. Die Oberfläche ist ganz glatt. Wir sind auch ausgelastet, aber nicht unbedingt sehr zufrieden oder glücklich mit der Situation. Denn wie Anne es gerade so schön ausgedrückt hat, es bleibt das Gefühl, dass das Leben an einem vorbeigeht. Ich habe aber das Gefühl, dass ich viel mehr riskieren würde, wenn ich auch diesen Weg einschlagen würde, weil mein Mann nicht in derselben Form mitspielen würde.

Lothar ist schon eher in die Kategorie ›umgänglich‹ einzuordnen, er ist ein sanfterer Mann. Mein Mann ist voll auf Macho und bekommt dafür auch relativ viel Bestätigung, für den steht das gar nicht in Frage.

Ich war früher Unfallkrankenschwester, ich war Oberschwester, ich habe einen ganzen OP geleitet sozusagen. Ich habe die neuen Schwestern ausgebildet. Es war eine wirklich hoch qualifizierte Tätigkeit, und manchmal kommen mir noch heute, wenn ich zum Beispiel gerade die Kinder in die Schule bringe, so Gedanken, was wohl jetzt gerade im Krankenhaus los ist. Es zieht mich schon auch stark zurück ins echte Leben. Dorthin, wo man spürt, dass man einen Beitrag leistet. Ich kann auch nicht behaupten, dass es sich nicht mit meinem Leben vereinbaren ließe, mit meinen Kindern oder meiner Ehe. So klein sind meine Kinder nicht mehr. Unsere Beziehung findet mittlerweile sowieso am Abend statt. Wenn mein Mann nach Hause kommt, ist es meistens schon relativ spät. Ich habe dann mit den Kindern gegessen. Ich setze mich aus Geselligkeit noch zu ihm. Er hat dann meistens die Freundlichkeit, die Zeitung vom nächsten Tag, die er vom Büro mitbringt, zu lesen. Im Grunde ist unsere Kommunikation auf dem Nullpunkt. Es gibt noch Gespräche über seine Firma und über irgendwelche gemeinsamen Anschaffungen. Das ist es, was unser gemeinsames Leben noch irgendwie zusammenhält.

Und trotzdem, wenn ich mir Anne anschaue ... Mir fehlt der Mut dazu. Ich hätte schon meine Berufsausbildung, natürlich. Und ich glaube nicht, dass ich meinen Lebensstandard sehr vermissen würde, weil ich schon damals als OP-Schwester gar nicht so schlecht verdient habe. Ich hatte eine kleine Terrassenwohnung, ich habe mich wohl gefühlt. Wir waren eine lustige Crew. Wir haben ein Leben miteinander geführt, das Team im Spital. Es war im Grunde so eine Einheit, und ich war glücklich.

Mein Mann war damals Patient. Er ist nach einem schweren Verkehrsunfall eingeliefert worden, er ist mehrere Male operiert worden, er war klinisch tot. Ich habe mich sehr um ihn gekümmert, und er hat sich eingebildet, mir sein Leben zu verdanken und hat mich dann verfolgt mit Liebesschwüren und Aufmerksamkeiten. Er war so romantisch. Das hat mich irgendwie zu Fall gebracht. Die Burschen, die Ärzte usw., in unserem Team, die waren da schon härtere Kaliber. Die hatten ein ganz anderes Auftreten, und ich fühlte mich dort weniger als Frau, sondern mehr als Kumpel. Alles war irgendwie ganz geradlinig. Und diese dramatische Liebesgeschichte, das war für mich natürlich dann ein unglaubliches Erlebnis. Fast so wie Hollywood im Stadtspital. Es hat mich irgendwo berauscht und mitgerissen.

Wir haben auch viel zu schnell geheiratet. Es war genau wie bei Anne. Ich bin in diese Ehe hineingestürzt, ohne irgendetwas zu besprechen, ohne einen Plan zu machen, ohne einen Übergangsplan zu machen, bis die Kinder da sind. Ich war von einer Minute auf die andere beschäftigungslos. Ja, ich habe den Haushalt gemacht. Aber ich meine, wir waren ja nur zwei Personen, was war das schon? Ich war in zwei Stunden fertig. Dann tat sich die große Leere auf, und im Grunde folgte relativ bald die Beziehungskrise. Aber dann bin ich schwanger geworden, und der Rest ist bekannt, das ist jetzt auch schon alles 18 Jahre her.

Ich gestatte es mir nicht, mein altes Spital zu besuchen, Ich glaube, ich würde an Herzweh sterben. Das waren wirklich die besten Jahre in meinem Leben. Wenn Anne mich auch jetzt ermutigt, aus meinem Leben noch etwas zu machen, ich habe immer das Gefühl, die besten Teile versäumt zu haben. Ich bin ja keine Künstlerin, das ist kein so ein freier Beruf. Ich müsste unheimlich viel wieder lernen, ich hätte auch einen ganz anderen Status, müsste mich von unten wieder hinaufarbeiten. Ach was, das sind Entschuldigungen ... Ich habe einen Beruf, der gebraucht wird, und ich könnte, wenn ich wollte. Vielleicht will ich es ja auch. Wenn es mehr Beispiele in meinem unmittelbaren Umkreis gäbe, dann hätte ich mehr Rückhalt. Anne gilt in unserem Umfeld ja als Künstlerin, und das Ganze hat auch so den Anstrich des Verrückten, aber ich würde ja ohne große Notwendigkeit in einen echten Brotberuf zurückgehen. Mein Mann, der wohlhabend ist und für uns sorgt, würde das überhaupt nicht einsehen. Das Ganze würde unter dem Etikett ›wildes Emanzentum‹ laufen. Ich müsste mich aufraffen und einfach ›Na und?‹ sagen.

Und wenn ich jetzt so darüber spreche, dann spüre ich

auch diese Lust aufkommen. Ja, ich wäre schon neugierig, und ich werde ein bisschen aufgeregt, wenn ich mir denke, dass ich aus diesem zugegeben selbstgebastelten Gefängnis ausbrechen könnte.
Wenn ich in unserer Gegend vormittags in den Supermarkt einkaufen gehe und die zurechtgemachten Damen sehe, die sorgfältig geschminkten Gesichter, dann denke ich mir: ›Was für eine Verschwendung von Lebenszeit. Denn welcher vernünftige Mensch hat schon Zeit, um zehn Uhr vormittags in aller Ruhe einzukaufen?‹ Und dann bekomme ich ganz deutlich das Gefühl, ich müsste mich irgendwie sofort zusammenpacken und zusehen, dass ich weiterkomme im doppelten Wortsinn. Dass ich aufbreche und etwas aus meinem Leben mache. Ich zahle einen hohen Preis für diese Sicherheit – für eine Sicherheit, die ich im Grunde ja gar nicht brauche.«
Astrid ist 28, Zahnimplantologin, verheiratet mit einem Zahnarzt. Sie hat keine Kinder.
Astrids Erkenntnisse:

- Es ist besser, mit offenen Karten zu spielen.
- Unterstützung kann dann mitunter von unerwarteter Seite kommen.
- Es ist verständlich, wenn Mitbetroffene sich fragen, was die Veränderung für sie bedeutet. Das sollte daher besprochen werden.

Mein Mann und ich, wir kommen aus derselben Kleinstadt, aber wir haben uns nicht dort kennen gelernt, sondern im Studium, in Heidelberg. Eine Weile lief dann alles so, wie es absehbar und in den Augen der Umwelt logisch ist. Wir haben fertig studiert, wir haben nach dem Studium geheiratet, sind in unsere Kleinstadt zu-

rückgekehrt und haben sofort eine Praxis aufgemacht. Beide Elternpaare haben uns ordentlich geholfen.
Genauso ging es weiter. Wir haben einen Kredit aufgenommen, ein kleines Reihenhaus angezahlt, die Eltern haben wieder geholfen. Sie leben nicht weit weg von uns, und dann ging es los. Jeden Tag in der Praxis arbeiten und abends erschöpft vor dem Fernseher einschlafen. Oder wenn wir noch die Kraft dazu hatten, sind wir ein paar Runden entlang der Weingärten gelaufen. Dann das Wochenende, Besuch der Eltern oder Schwiegereltern, Kaffeetafel, Gugelhupf und dann die ewigen Fragen, wann wir denn endlich ein Kind bekommen.
Es ist so, dass wir nicht schwanger werden können. Ich sage immer ›wir‹, weil es niemanden etwas angeht, an wem es liegt. Also wir werden keine Kinder haben, außer wir adoptieren welche, das wollen wir uns aber noch gut überlegen. So ging unser Leben dahin, und ich habe bereits nach einem Jahr das Gefühl bekommen, ich ersticke.
Für meinen Mann war die Welt in Ordnung, er sah das nicht so. Mutter, Schwiegermutter und ich, von diesem Trio fühlt er sich, glaube ich, recht gut versorgt. Dass ich genauso hart arbeitete und zusätzlich eine Implantologieausbildung gemacht habe, Kieferchirurgie trainierte und im Grunde viel ehrgeiziger bin als er, das galt als etwas, was auf der Minusseite anzusiedeln war. Nicht ich verdiente dafür Unterstützung, sondern er verdiente dafür Mitleid.
Also ich habe nach kürzester Zeit das Gefühl gehabt: Endstation. Ich habe mich gefühlt wie ein pubertierendes Mädchen, das in die Freiheit hinaus möchte. Das war genau die Enge, die ich von zu Hause kannte und

die mich in die Stadt getrieben hatte. Nur hatte ich zwischenzeitlich wieder vergessen, wie das war. Und plötzlich war alles wieder ganz eng, und ich hatte mir das selber zurechtgezimmert.
Den Herbert habe ich wahnsinnig gerne. Was heißt gerne – das ist eine Untertreibung. Er ist die große Liebe meines Lebens, und im Grunde war er ja auch überhaupt nicht schuld an dieser Geschichte. Ich habe ja mitgemacht und nicht genug nachgedacht und nicht langfristig geplant.
Ich habe dann einen Familienrat zusammengetrommelt. Ich habe mir gedacht, das hat überhaupt keinen Sinn, wenn ich das nur mit dem armen Herbert kläre, denn der macht sich dann doch nur Sorgen, wie das seine Eltern verkraften.
Also, ich habe alle zusammengeholt zu einem gemeinsamen Sonntagnachmittagskaffee. Alle haben sich zunächst gefreut, dass einmal ich die Initiative ergreife. Also Mutter, Vater, Schwiegermutter, Schwiegervater, Herbert und ich saßen nun da, und ich habe gesagt: ›Meine Lieben, ich danke euch für alles, was ihr für uns getan habt, für die Unterstützung beim Kredit, für jede andere Unterstützung. Nur, leider, ich bin anders gestrickt, so funktioniert es für mich nicht. Ich brauche einfach Freiraum. Ich möchte nicht die Abende vorhersehbar verbringen. Ich bin keine Discogängerin oder sonst irgendwas, ich will keinen Lover, ich will nicht die große Freiheit, aber ich will mich bewegen können. Ich sehe, dass ich meine Ausbildung hier nicht vorantreiben kann, weil ich in diese gemütlichen Familienabende hineinfalle. Ich will mehr Sport machen. Ich will mich mehr einlassen auf meine Fortbildungen. Ich will aber die Praxis mit Herbert weitermachen. Wir wohnen 40 Minuten von Heidelberg ent-

fernt, und es ist weltweit so üblich, dass man bei einer solchen Entfernung auch pendeln kann. Also ich schlage vor, dass ich unter der Woche in Heidelberg lebe. Ich habe mich auch schon umgesehen, und ich habe eine günstige Wohnung gefunden. Dann komme ich immer am Donnerstag fürs Wochenende, und am Montagnachmittag fahre ich wieder weg. Also bin ich drei bis vier Tage in Heidelberg, mache dort meine Ausbildung, habe meine Wohnung, meine Sachen und komme fürs Wochenende heim.‹

Ich habe versucht, es ihnen zu erklären. Das lässt sich alles sehr gut einteilen, habe ich argumentiert, und dass es keine Absage an die Beziehung, keine Absage an die Verwandtschaft ist, sondern dass es uns die Möglichkeit eröffnet, ein interessantes Leben miteinander zu führen.

Da brach dann natürlich ganz schön was los. Es waren alle entsetzt. Es gab Tränen, es gab Streit, es gab Geschrei.

Interessanterweise bekam ich dann Hilfe von einer völlig unerwarteten Seite. Und zwar hat mich meine Schwiegermutter sehr unterstützt. Meine Schwiegermutter, das hatte ich vorher nicht gewusst und das muss man sich mal vorstellen, hatte Chemie studiert und durfte dann aber nicht arbeiten, weil das auch eine räumliche Veränderung bedeutet hätte für die Familie. In der Kleinstadt gab es keinen Bedarf, die größeren Firmen waren alle in Heidelberg, und sie hat dann kapituliert und aufgegeben. Das muss für sie ganz eigenartig gewesen sein, dass sich ihre Geschichte in der Person ihrer Schwiegertochter nun wiederholt.

Und sie hat sich ganz schön hinter mich gestellt und hat

gesagt: ›Mach weiter! Deine Implantatgeschichte ist interessant und Kieferchirurgie ist interessant. Das ist alles die Zukunft, und vielleicht wirst du einmal Chefin oder machst eine Klinik auf.‹

Herbert schwankte zwischen Kränkung und auch ein bisschen Aufregung, er hatte ja gespürt, dass unsere Beziehung eingeschlafen war und dass jetzt ein neuer Wind wehen sollte.

Das Modell steht, es funktioniert. Also ich finde mein Leben jetzt im Grunde ganz toll, und ich bin überhaupt nicht mehr gefrustet. Ich schätze jetzt wieder das Landleben, wenn ich nach Hause komme am Wochenende, und wenn ich montags um zwei Uhr nachmittags nach Heidelberg fahre, dann freue ich mich umgekehrt wieder auf die ›große Welt‹, auf die Stadtluft.

Unserer Beziehung hat dieses Modell richtig gut getan. Ich kann das Rezept nur empfehlen. Ich glaube, Gewohnheitsbeziehungen haben in Wirklichkeit keine langfristige Chance. Von daher kommen ja auch diese ganzen Lebensabschnittsideen zu Stande, von denen ich wiederum gar nichts halte. Aber man kann das einfach nicht mehr auf diese konventionelle, diese ganz gängige Art und Weise durchziehen, daran gehen die Ehen reihum kaputt.«

Die Sicht der Männer

Glücklich trotz Mann – nun haben wir schon von einigen Seiten beleuchtet, wie das laufen kann. Aber zum Glücklichsein in einer Beziehung gehören zwei. Drehen wir die Sache also mal andersrum. Wie sieht ein Mann aus, mit dem eine Frau (»trotz dem«) glücklich werden kann? Und wie stellt sich ein Mann das aktuelle Glück vor?

Michael ist Lehrer in einer Mittelschule. Er unterrichtet Mathematik und Physik, ist 44 Jahre alt und hat zwei Kinder und eine Frau, aber zu ihr kommen wir noch. Er ist ein sehr sportlicher Typ, der schon auf den ersten Eindruck als lustiger, offener Mensch daherkommt. Er hat dunkelgraue, lebendige Augen und einen kurzen Haarschnitt. Müsste man ihn in drei Worten beschreiben, es fiele einem spontan ein: praktisch, witzig, sympathisch.

Michael und Isabella sind seit fünf Jahren verheiratet. Die Kinder hat er mitgebracht aus seiner ersten Ehe; zwei Jungen, jetzt Teenager. Nach der Scheidung bekam er das Sorgerecht für die Kinder, im Einvernehmen mit seiner Exfrau, die beruflich sehr engagiert ist. Sie ist Managerin für einen großen Konzern und fast ständig unterwegs. Er hingegen konnte es mit seinem Beruf ganz gut vereinbaren, sich um die Kinder zu kümmern. Sie haben dieselbe Schule besucht, in der er unterrichtet hat,

und die Doppelrolle als Mutter und Vater zugleich hat er ganz gut hingekriegt. Das Arrangement war, wenn auch gesellschaftlich gesehen immer noch ungewöhnlich, in ihrem Fall selbstverständlich, findet er.
»Sie fragen mich, wie ich mit starken Frauen zurechtkomme? Meine Antwort ist: ›Ausgezeichnet‹. Meine erste Frau war eine richtige Powerfrau. Dass unsere Ehe auseinander ging, hat andere Gründe gehabt. Sie hatte eine Affäre begonnen, die dann für sie wichtiger war. Mit ihrem Generaldirektor. Der war zwar ebenfalls verheiratet, aber das hat die beiden nicht weiter gestört, anscheinend. Aber ich konnte das irgendwie nicht durchstehen, mir war das alles zu kompliziert, und es hat dann nicht mehr wirklich funktioniert zwischen uns. Das war für mich eine große Enttäuschung. Ich habe mich dann nicht nur betrogen gefühlt, sondern doppelt betrogen, weil ich ja sehr viel übernommen habe an den täglichen Organisationssachen, in der Annahme, dass ich es für ihre Arbeit tue. Aber im Endeffekt hatte ich ihr damit nur ermöglicht – so sah ich es –, dass sie neben einem Generaldirektor durchs Leben tanzen konnte, während ich mich um die Kinder kümmerte. Dass sie mein Verständnis und mein Entgegenkommen so ausnützt, das hat mich schon tief geschockt. Ich dachte mir dann aber, es ist, wie es ist, und wir haben uns im Guten getrennt.
Ich bin mit meinen Kindern dann in die Stadt gezogen. Ja, und ein bisschen war ich dann schon in der Ehefrauenrolle nach einer Scheidung, denn wir hatten natürlich schlagartig sehr viel weniger Geld und um Einiges weniger an Luxus. Es stand außer Frage, dass ich außer dem staatlichen Kindergeld, der Kinderbeihilfe, von meiner

Frau für die Kinder keinen Groschen nehme. Also das wäre noch schöner, dass ich mich alimentieren lasse.
Was auch noch ins Klischee gepasst hat, ist, dass sie, wenn sie die Kinder hatte – und das war ja am Anfang noch sehr regelmäßig und oft auch unter der Woche –, ein bisschen über die Stränge geschlagen hat. Ultrafein herausgeputzt sind sie dann immer zurückgekommen: Ralf Lauren, Calvin Klein, alles, was gut und teuer war, hat sie ihnen gekauft. Ich halte das für verrückt und auch irgendwo für pädagogisch schädlich. Aber ich habe mich da nicht allzu sehr aufgeregt, weil ich mir dachte, sie will da doch etwas abarbeiten, ihren Verlust, ihr schlechtes Gewissen. Sie will ihnen auf diesem Weg einfach zeigen, wie sehr sie sie liebt.
Ich bin rückblickend froh, dass ich nicht ein großes Problem daraus gemacht habe –, denn es hat sich ziemlich rasch erübrigt, weil sie jetzt in England lebt. Ihre Firma ist ›wegglobalisiert‹ worden, und dadurch sind die Kontaktmöglichkeiten geringer. Die Geschenke sind nicht weniger prächtig, aber das Ganze ist jetzt in den Hintergrund getreten, weil es so selten ist. Wir führen heute ein ganz anderes Leben.
Meine jetzige Frau habe ich auf ungewöhnliche Weise kennen gelernt. Mein Sohn hatte ein Geldstück geschluckt und hat dann furchtbare Magenkrämpfe gekriegt. Ich habe sofort den Ärztenotdienst gerufen. Und da kam dann Isabella.
Sie war so etwas von einem Sonnenschein, der unsere Wohnung betreten hat. Das klingt jetzt albern, aber ich habe sofort gewusst, das ist sie. Ich habe weder gewusst, ob sie verheiratet ist oder sonst irgendetwas über sie.
Isabella ist sechs Jahre älter als ich. Sie ist wunderschön.

Sie hat diese herrlichen langen, blonden Locken. Sie ist eine so positive Person, und sie liebt ihre Arbeit leidenschaftlich. Sie gehört zu denjenigen, die nie wirklich Fuß gefasst haben im medizinischen Establishment, und diese Notarztgeschichte ist zwar hierarchisch nicht so etwas Angesehenes unter den Ärzten, aber sie hat ja auch eine chirurgische Ausbildung. Und sie liebt es. Sie ist unterwegs mit dem Einsatzwagen, mit dem Hubschrauber, flickt am Straßenrand Unfallopfer zusammen, also sie ist eine Frau, vor der man den Hut ziehen muss. Und ich habe das auf einen Blick gesehen.

Nach dem ersten Treffen habe ich mir dann die nächsten drei Tage überlegt, was uns noch alles zustoßen könnte, wo man vielleicht einen Notarzt braucht, aber mir ist nichts eingefallen. Also habe ich mir ein Herz gefasst und habe sie einfach angerufen. Das ging ja eh nur über den Notdienst. Sie wurde angepiepst, und ich habe die Adresse angegeben – ich konnte sie ja nicht direkt erreichen. Dann ist sie im Einsatzwagen vorgefahren. Sie fragte, was los sei. Und ich habe gesagt: ›Nichts! Außer ... außer ... außer, dass ich Sie liebe!‹

Sie hat herzlich gelacht und gesagt: ›Na gut, nur zu.‹

Das hat mir auch gefallen. Keine Zickigkeiten, keine Umwege. Wir sind am selben Abend spät nachts, als sie dann frei hatte, noch ausgegangen. Wir sind stundenlang Hand in Hand durch die Stadt gewandert und haben uns unser Leben erzählt. Sie war noch nie verheiratet. Sie hat wohl eine Reihe von Beziehungen gehabt, aber irgendwie ist ihr der Richtige noch nicht untergekommen, und wir sind dann ganz schnell in diese Bindung hinein.

Meine Jungs haben sie sofort anerkannt. Sie ist auch eine super Sportlerin, sie ist ein echter Kamerad, sie ist

jemand, der, egal was passiert, immer sofort eine Lösung hat. Sie hat unser Leben dann zusätzlich noch ganz schön aufgepeppt. Für sie ist es so, dass ein freies Wochenende nicht ein Wochenende ist, wo man einfach herumlümmelt oder schnell einmal Fußball spielen geht, sondern sie hat einen echten Plan. Wenn irgendwo eine Expedition angekündigt ist, dann fahren wir hin. Wenn wir einwenden, dass ein Wochenende aber nur zwei Tage hat, dann meint sie: ›Was? Nur zwei Tage? Das ist doch eine halbe Ewigkeit, großartig, wir machen das!‹ Sie ist eine fantastische Planerin. Mir gefällt das alles.
Sie ist eine miserable Köchin, aber das ist mein Teil. Ich habe die Küche übernommen. Ich bin Herr über den Herd und die Vorratskammer, und die zwei Jungs gehen einkaufen.
Mittlerweile haben wir ja auch geheiratet, in Tibet, während einer Wanderung, und es war gar nicht so leicht, das hier anerkennen zu lassen. Das ist dann über die diplomatische Vertretung gegangen und so weiter. Aber das war auch so ausgefallen, das hat mir gut gefallen daran. Und was so heilsam ist für die Jungs – ich habe sie natürlich schon auch ein bisschen verwöhnt, weil ich mir gedacht habe, jetzt haben sie schon keine Mutter, sie sollen es wenigstens gut haben –, ist, dass Isabella sie null verwöhnt.
Wir haben hier eher so die Stimmung von einem Camp. Jeder macht alles, mit großer Selbstverständlichkeit. Ihr würde es nie einfallen, irgendwelche Dienstleistungen zu erbringen, sie erwartet das umgekehrt auch nicht von anderen. Mittlerweile sind alle sehr kompetent. Die Jungs bügeln sich ihre Sachen selber, den Speiseplan können sie zusammenstellen, Einkaufslisten machen. Ich

koche, und sie macht sehr viel im Haus. Sie hat eine Bibliothek gebaut, sie liebt Bücher, und da treffen wir uns natürlich, weil ich ein Bücherwurm bin. Sie hat ein ausgesprochenes Interesse für Naturwissenschaften – klar, von ihrer Ausbildung her – und sie hat mich dann sehr ermutigt, die Jungs für die Mathematikolympiade zu trainieren. Ich habe immer gesagt, die haben kein mathematisches Gespür, aber das wollte sie überhaupt nicht hören. Für sie ist nicht wirklich etwas unmöglich, was man sich vornimmt. Das finden wir drei Männer alle ganz fabelhaft. Wir sind alle ganz hingerissen von ihr, und wir lieben sie, glaube ich, alle drei irgendwo gleich. Da bin ich ganz stolz auf meine zwei Jungs, dass sie da so mitgezogen haben.

Wenn wir Streit haben, und das kommt natürlich auch vor, dann geht es meist um Dinge, die nicht wirklich ernst sind. Aber es sind meistens Sachen, wo sie das Gefühl hat, dass ich mit etwas hinter dem Berg halte, dass ich mich zurückziehe. Und sie sagt, dass Höhlenmenschen keinen Platz in ihrem Leben haben. Also, wenn sie diese Theorien hört von Männern, die auf einem Planeten leben, und Frauen, die auf einem anderen leben, da kriegt sie nur einen Lachanfall und sagt: ›Na die hätte ich ganz schnell wieder auf unseren Planeten Erde zurückgeholt‹. Sie findet das alles lächerlich, also dieses ganze Getue, dass Männer und Frauen anders sind. Ja, da kann ich ihr intellektuell zustimmen, aber manchmal krieg ich doch so eine ›Höhlensehnsucht‹ und will mich zurückziehen und nicht angesprochen werden. Sie lässt schon Privatheit zu, sie fordert nicht immer Intimität und Präsenz ein, aber sie lässt nicht zu, dass ich mir das herausnehme als besonderes Privileg. Sie sagt, sie braucht das auch,

jeder braucht das, aber nicht, weil ich als Mann jetzt so bin.
Ich glaube das, was unser Leben unterm Strich so besonders und so anders macht, ist, dass wir so absolut gleich sind. Es gibt bei uns keine Unebenheiten in der Beziehung. Keiner kann sich etwas herausnehmen. Wir beide sind verantwortlich für unseren Alltag. Jeder ist eigentlich in gleichem Maß verantwortlich.
Wobei, sie arbeitet streckenweise schon unglaublich heftig, und natürlich fangen wir das auf, das ist ja selbstverständlich. Also wenn sie einmal Tag und Nacht Einsatz fährt, dann ist es ja völlig klar, dass sie ihre Wäsche halbwegs gebügelt und gefaltet im Schrank vorfindet und dass es ein warmes Essen gibt, wenn sie nach Hause kommt. Da tue ich mich mit meinen geregelteren Zeiten schon viel leichter. Ich versuche Fairness walten zu lassen, auch wenn es manchmal mühsam ist nach einem Unterrichtstag und nach dem Sportprogramm mit meinen Jungs, das auch noch anzuhängen, aber es muss sein. Und wenn sie einmal ein paar Tage weg ist und kommt zurück und im Haushalt läuft es halt nicht so, das Geschirr steht in der Spüle, weil der Geschirrspüler überladen ist, dann meckert sie nicht herum. Sie sieht das, aber sie sagt nichts, und irgendeiner von uns macht das dann. Aber sie würde es dann auch nicht machen. Das finde ich auch ganz gut. Also sie hat nicht diesen weiblichen Automatismus, gleich aufräumen zu wollen und die Dinge zurechtrücken zu wollen, das finde ich eigentlich sehr schön. Das ist ja auch eine Form der Achtung, weil wenn sie nach Hause kommen würde und unser Chaos gleich einmal durchforsten würde, würde ich das ja natürlich als Kritik auffassen.

Ich kann nicht ganz verstehen, wie viele der Beziehungen heute noch so altmodisch und fest gefahren ablaufen, wie mühselig sie laufen, wie statisch die Rollen sind. Wir waren kürzlich zum Abendessen bei Bekannten eingeladen, da saßen wir an diesem sorgfältig gedeckten Tisch, und die Gastgeberin sprang ständig zwischen Küche und Tisch hin und her, und ihr Mann thronte am Tischende und führte die Konversation und fand das völlig normal, anscheinend. Und ich, ich fand es ehrlich gesagt ziemlich obskur.«

Obskur? Man könnte eher meinen, dass ein Mann eine solche Situation bequem findet. Davon jedenfalls gehen Frauen häufig aus, auch heute noch.

Vielleicht ist Michael eine Ausnahme? Um es vorwegzunehmen – was er da sagt, oder vielmehr, was er da skizziert an einem generellen Modell für das Zusammenleben –, das haben wir oft gehört, von vielen Männern. In ganz unterschiedlichen Versionen. Und es sind nicht irgendwelche aufgeklärten Helden mit tadelloser Beziehungsführung, die wir dazu befragt haben.

Wie wir gleich noch sehen werden, sind die Männer, die an neue Formen von Partnerschaft, von Gleichgewichtigkeit zwischen Mann und Frau, sehr unterschiedlich in ihren Biografien, ihren Erlebnissen und auch in ihrem Sympathiegehalt. Was sie verbindet, sind ein paar grundlegende Erkenntnisse, die uns sehr plausibel vorkommen. Auf den einfachsten gemeinsamen Nenner gebracht, können wir die zugrunde liegende Philosophie dieses Ansatzes so beschreiben:

»Es ist besser, einen interessanten Partner zu haben. Eine solche Person hat eigene Ziele, eigene Gewohnheiten und eigene Dinge, die ihr wichtig sind.«

Es lässt sich nicht immer alles unter einen Hut bringen. Dann müssen Abstriche gemacht werden. Früher haben die Frauen automatisch die gesamten Abstriche gemacht.
In den Beziehungen, die diese Männer eingehen, werden ebenfalls Abstriche gemacht. Ihr Zusammenleben und ihr Alltag sieht nicht immer so aus wie bei anderen Familien. Ihre Bereitschaft zu Experimenten leitet sich ab aus der Erkenntnis, dass auch die »anderen«, konventionelleren Familien ihre Abstriche machen – Abstriche, die sie selber zu kostspielig finden. In solchen Familien hat sich die Frau üblicherweise den Gewohnheiten der Familie und dem Lebensweg des Mannes unterworfen. Als Gegenleistung durfte sie die finanzielle Verantwortung für sich selbst und die Kinder weitgehend abgeben. Viele Frauen und, wie die Gespräche in diesem Kapitel zeigen, zunehmend auch viele Männer finden diese Vorgangsweise nicht mehr optimal. Sie finden ein interessantes Leben besser als ein bequemes Leben. Und sie finden eine Frau, die ein eigenes Leben hat, attraktiver als ein Anhängsel, das sich um das Männerleben drapiert.
Erik ist 39 Jahre alt. Mit seinem braun gebrannten Gesicht und seinem sportlichen Auftreten könnte man ihn für einen Skilehrer halten, aber er ist Vermögensberater bei einer Privatbank. Und Marathonläufer.
»Ich bin ein Selfmademann, im echten Sinn des Ausdrucks. Ich habe eine unglaubliche Schulkarriere hinter mir. Ich bin sicher aus zwölf Schulen hinausgeflogen. Bin dann durch die Welt gefahren, habe ein bisschen da und dort gejobbt. Meine Eltern sind geschieden, aber ich führe meine Misserfolge nicht auf die Existenz als Schei-

dungskind zurück, sondern eher darauf, dass Schulen nicht mit jemandem wie mir umgehen konnten. Mir wird schnell langweilig. Ich mache gerne das, was mich interessiert, und das dann sehr intensiv. Irgendwann erkannte ich dann, dass ich wohl werde arbeiten müssen, denn abstürzen wollte ich auch wiederum nicht. Ich habe eine ganz normale Banklehre gemacht und bin dann mit Glück in einer Privatbank untergekommen, das war noch vor dem Aktienboom. Mich hat das alles sehr interessiert, diese Analyse der Firmen. Dahinter zu schauen, was sich da alles bewegt. Das war viel spannender als die Kontenverwaltung und die Sparbuchexistenz, zu der ich anfangs eingeteilt war. Ich bin da sehr schnell tüchtig voran gekommen, weil ich mich wirklich voll in die Sache geschmissen habe. Jeden Tag sicher 17 Stunden gearbeitet; quasi halbschlaflos, aber es hat sich karrieremäßig wirklich ausgezahlt. Es ist ein sehr männlich besetztes Gebiet, wobei die Frauen jetzt aber in diesen Geldgeschäften ganz kräftig zulegen. Also, eine Frau lässt sich kein X für ein U vormachen. Diejenigen Frauen, die ihre Geldangelegenheiten in die Hand nehmen, sind richtig super und sind eigentlich die härtesten Kunden. Was die Kolleginnen betrifft, sie werden häufig als Lockvögel eingesetzt, um Kunden anzuschleppen. Das sind die Feschen, die sich mit Augenklippern, Charme und persönlicher Betreuung an die großen Haie heranmachen, die wir dann dingfest machen wollen für unsere Portfolios.
Daneben gibt es noch die moderne Bankerin, Frauen, die genau wie ich knallhart rangehen. Effizient, energisch, sachlich und sehr ›Expertise-orientiert‹. Und genauso eine habe ich zu Hause.

Ich muss sagen, eine solche Frau war nicht gleich meine erste Wahl. Ich habe davor eine ganz gewöhnliche Beziehung hinter mich gebracht.
Renate und ich waren acht Jahre zusammen. Sie hat als Lehrerin gearbeitet, das war noch in meiner Übergangsphase, vom Jobben ins seriöse Leben. Damals war ich noch in einer normalen Sparkasse. Wir haben so eine Art Ikea-Leben geführt, alles sehr clean und klar, aber ich bin fast vor Langeweile gestorben.
Meine Frau war sehr hübsch, sehr attraktiv, schlank, sportlich und hat alles getan, damit wir eine schöne Beziehung haben. Im Grunde war das so eine ganz moderne Form von — jetzt hätte ich fast den Ausdruck ›Sklaverei‹ verwendet. Sie hat sich wirklich definiert als meine Leibeigene. Sie war voll zu meiner Verfügung, sie hat alles gemacht, ich habe nichts gemacht, einfach weil sie alles gemacht hat. Sie hat auch unglaubliche Perfektionsstandards gehabt. Wir haben zwar nie ein Kind bekommen, aber trotzdem gab es Belastung genug. Den Aufwand, diesen Haushalt zu führen, den Aufwand, alles richtig zu machen, Gäste einzuladen, die Perfektion der Wohnung ... Es war zum Davonlaufen. Alle haben uns beneidet, wir waren das Traumpaar.
Wir haben Sport und schöne Reisen nach Marbella gemacht, wir haben auch guten Sex gehabt, es war alles schwer in Ordnung. Aber irgendwie habe ich das starke Gefühl gehabt, das Leben findet irgendwo anders statt. Ich sitze hier in meiner Idylle, in dieser Pseudosicherheit, und das Leben rollt außen an mir vorbei.
Sie war eigentlich immer meiner Meinung. Mir hat, glaube ich, schon ein bisschen die Herausforderung gefehlt. Die Spannung und das Kribbeln waren nach den

ersten paar Jahren schon dahin, und letztlich hat das – gänzlich zu ihrem Unverständnis, und das tut mir auch heute noch total Leid – in einer Scheidung geendet.
Wie es bei Männern halt oft so ist, bin ich nicht mutig aus dieser Ehe hinausgegangen, sondern ich war schon mitten in einer Beziehung mit Caroline. Caroline, meine jetzige Frau, war eine Kollegin, angestellt bei einem konkurrierenden Bankhaus. Wir haben uns oft bei Verhandlungen getroffen, sie war meine ärgste Kontrahentin. Sie war gefürchtet in der Branche – wir haben alle schon gestöhnt, wenn wir erfuhren, dass Caroline im Präsentationsteam ist. Im Zuge dieser öffentlichen Präsentationen sind wir uns immer wieder begegnet.
Was mir an ihr gefallen hat, war dieser Schmiss, den sie hat, diese Besessenheit, dieses Glitzern in den Augen, wenn sie knapp an einem Deal dran war. Männer sind Jäger, aber ich würde sagen, Frauen auch. Frauen waren es ja schon immer. Sie haben irgendwo ihre Beute, den Mann, erlegt und geschaut, dass sie ihre Nachkommen durch ein besonders großartiges Alphamännchen sichern.
Heute ist das den Frauen nicht mehr genug.
Caroline war nicht nur in diesen ersten Monaten, in denen ich sie professionell erlebt habe, scharfsinnig, geachtet und respektiert und sogar gefürchtet, sondern sie ist auch noch attraktiv und unglaublich diszipliniert. Ihre Erscheinung ist super, weil sie es schafft, trotz allen Zeitdrucks täglich noch laufen zu gehen. Das sieht man. Sie ist nicht schlank durch Hungern, sondern sie ist einfach trainiert. Immer gut angezogen – nicht gekleidet in irgendwelchen komischen Hosenanzügen, sondern eben wirklich absolut chic, nach dem neuesten Schrei. Sie sagt

immer, ihre zweite Lektüre nach dem Wall Street Journal ist die Vogue. Die liest sie in allen Sprachen.
Es hat sich dann sehr schnell eine sehr große Leidenschaft zwischen uns entwickelt. Diese Affäre war unglaublich. Spät nachts haben wir uns noch getroffen, und es war dann so eine Geschichte, eine Stunde ins Hotel, und wir treffen uns morgens beim Frühsport, beim Laufen. Es war eine so absolut aufregende Zeit. Ich habe mich so wach und lebendig wie noch nie gefühlt. Sie ist auch eine große Musikliebhaberin. Durch sie habe ich gelernt hinzuhören. Sie reist irgendwelchen tollen Sängerinnen nach, es bedeutet ihr wirklich etwas.
Wir sind jetzt verheiratet – mir war es egal, ob wir heiraten oder nicht, aber ich tue einfach alles, was sie will, denn ich weiß, sie ist der große Tototreffer. Eine Frau wie sie finde ich nie wieder, das ist mir klar.
Natürlich führen wir heute ein etwas anderes Leben als am Anfang. Es ist klarerweise weniger euphorisch, weil der Alltag auch Einzug gehalten hat. Und die Arbeit ist auch relativ deprimierend geworden, dadurch dass die wirtschaftliche Entwicklung so schlecht ist und noch immer schlechter wird. Aber wir arbeiten gemeinsam an neuen Geschäftsideen, und wir versuchen ›Downsizing‹ zu praktizieren, was unsere Bedürfnisse betrifft. Zum Glück haben wir die fundamentalen Sachen wie ein eigenes Haus und gewisse minimale Sicherheiten alle in Ordnung gebracht, da kann überhaupt nichts passieren. Wir überlegen uns jetzt, ob wir etwas ganz Neues starten oder in unserer Branche bleiben und durchhalten.
Wir werden, glaube ich, keine Kinder bekommen. Es ist wohl eher so, dass diese neue Firma, die wir im Auge haben, unser gemeinsames Baby ist. Ich respektiere das

sehr, wenn Menschen sich einlassen auf Kindererziehung, aber weder Caroline noch ich sind der richtige Typ dafür. Wenn sie es sich anders überlegt und das möchte, würde ich dem natürlich nichts in den Weg legen. Aber sie ist so absorbiert von beruflichen Ideen und Gedanken, dass das jetzt einfach nicht zur Diskussion steht.

Was mir Mühe macht, ist zu verstehen, warum nicht mehr Frauen so sein wollen wie meine Caroline. Das, was sie tut, ist überzeugend, finde ich. Sie ist ehrgeizig, sie ist einsatzfreudig, sie hat Spaß an ihrer Arbeit. Arbeiten müssen ja jetzt schon fast alle Frauen, das steht ja kaum noch zur Wahl. Und wenn sie es dann tun in irgendwelchen untergeordneten Positionen, lustlos, weil sie sich nicht richtig reinhauen, dann sind sie ganz schön ungeschickt, finde ich. Und das versteh ich nicht. Wo immer ich Frauen treffe, merke ich, dass sie clever sind, dass da eine Menge los ist, das merke ich auch bei meinen Kundinnen. Aber wenn ich dann genauer nachfrage, was sie beruflich tun, bin ich oft erschüttert. Sie haben es zwar oft zu einigem gebracht, aber oft machen sie ihre Sache so ambitionslos oder so resigniert oder sie ziehen sich auf das zurück, was ihr Mann getan hat, das kann doch auch nicht wirklich befriedigend sein.

Die Freundinnen von Caroline sind anders, sie gehören eher zu dieser jungen neuen Garde. Da sind wirklich super Frauen darunter, Anwältinnen, PR-Agentinnen, Journalistinnen – ja, das ist eine neue Garde von Frauen.

Ich habe eine Schwester. Meiner Schwester ist einige Jahre jünger als ich. Sie war immer das Nesthäkchen, war etwas verwöhnt und lange Zeit orientierungslos, dann hat sie einige Beziehungen gehabt, wo die Kerle auch nicht so gut drauf waren, und in Wirklichkeit ist nie etwas Richtiges entstanden. Aber sie hat doch unermüdlich auf Männer gesetzt. Sie hat immer den Besten, den Richtigen gesucht und gedacht, mit dem wird es funktionieren, sie muss nur gut genug ausschauen, und ich weiß nicht was. In Wahrheit war sie dann plötzlich 30 und hatte immer unbefriedigende Jobs und gescheiterte Beziehungen gehabt.

Das wollte ich dann nicht mehr mit ansehen. Ich habe gesagt, komm Mädel, es geht nicht so weiter, du musst etwas aus deinem Leben machen. Ich habe sie in die Bank geholt, und sie ist jetzt eine der Besten, sie bringt die besten Ergebnisse. Alle lieben sie. In der Performance-Bewertung ist sie absolut Spitze. Frauen müssen sich nur trauen, etwas tatsächlich zu tun, und diesen entscheidenden ersten Schritt machen. Ich glaube, da schlummern noch eine Menge Ressourcen und eines der größten Rohstoffreservoirs, das unsere Gesellschaft hat, das sind ganz bestimmt die Frauen. Da bin ich ein bekennender emanzipatorischer Vertreter. Ich glaube allerdings, der Feminismus ist in der Form völlig überholt. Da schwingt Aufmüpfigkeit mit. Aber das finde ich heute nicht mehr zentral, sondern es ist eher eine Frage der Kompetenz. Frauen müssen entschlossen sein, aus sich und ihrem Leben etwas zu machen. Ich glaube gar nicht, dass es noch so viele unüberwindbare Hindernisse objektiver Natur gibt, sondern die Hindernisse liegen in erster Linie in der Mentalität der Frauen, die noch immer stärker auf die Beziehung ausgerichtet sind. Und je stärker die Frauen auf eine Beziehung ausgerichtet sind, umso weniger sind es die Männer.

Wenn ich jetzt zum Beispiel ein Portfolio zusammenstelle und haue es voll mit Anleihen, dann bleibt vielleicht ein winziges Aktiensegment übrig, und da kann nie wirklich Bewegung hineinkommen. Man muss immer sehen, wie man die Sachen richtig ausbalanciert. Wie man die richtige Mischung findet zwischen Sicherheit und Bewegung. Okay, und da ist mein Portfolio-Beispiel eigentlich sehr geeignet: Es gibt Zeiten, da setzt man besser auf mehr Aktien. Und Zeiten, da bleibt man lieber bei den Anleihen, wegen der Sicherheit.
Frauen müssen abwägen, und dann müssen sie auf das Richtige setzen. Früher war die Ehe vielleicht das Sicherste, und außerdem gab es für Frauen ja keine echte Alternative dazu, früher. Aber das Richtige ist heute ganz bestimmt der eigene Lebensweg und die eigene Selbstständigkeit. Ich kenne in meiner Umgebung, in meinem Alter, von den jüngeren Männern ganz zu schweigen, keinen einzigen Mann mehr, der zufrieden wäre mit einer Frau, die angepasst ist, die so die klassischen Serviceleistungen erbringt.
Ich habe letztens im Flieger den Film ›My Big Fat Greek Wedding‹ gesehen. Die Mutter im Film filosofiert über die Ehe und über die Beziehung zwischen Männern und Frauen, weil ihr Mann so ein klassischer griechischer Macho ist. Und sie sagt dann: ›Er ist der Kopf der Familie. Aber ich bin der Hals, und der Hals entscheidet, in welche Richtung der Kopf sich drehen wird.‹ Alle haben da gelacht, und ich habe das auch witzig gefunden, aber in Wirklichkeit ist es das große Verhängnis der Frauen, dass sie glauben, es reicht, der Hals zu sein. Frauen müssen sich entschließen, der Kopf zu sein.«
Wir haben eingangs ja schon gesagt, dass wir in diesem

Kapitel keine Helden und keine Heiligen präsentieren, sondern die Sorte von Mann, die Ihnen und uns in der wirklichen Welt über den Weg läuft.
Da denkt sich eine Frau, dass sie den richtigen Partner gefunden hat. Müht sich ab, ein schönes gemeinsames Leben aufzubauen. Achtet liebevoll auf die Details. Und er? Er findet das langweilig. Sieht sie nicht als tolle Partnerin, sondern als eine Art »moderne Sklavin«, als selbst ernannte Leibeigene.
Was folgt daraus? Sicherlich nicht, dass wir nun alle dem Vorbild einer Caroline nacheifern, um attraktiv zu werden für die Sorte Mann, die auf »Killer-Karriere-Weiber« steht.
Aber mit seinen Schlussfolgerungen liegt er nicht falsch. Verrückt und unglücklich kann eine Frau werden, die immer nur versucht, den aktuellen Launen der Männer nachzurennen und die Art von Frau zu werden, die bei ihnen momentan gerade in Kurs steht. Der einzig richtige Weg ist, sich an sich selber zu orientieren. Ein eigenes Leben nach eigenen Vorstellungen zu führen, dem eigenen Charakter entsprechend, den eigenen Neigungen folgend.
Die männlichen Beobachtungen, die wir im Zuge der Recherche für dieses Buch gehört haben, sind nützlich in ihrer vollen Brutalität. »Get a life!« – ein Wahnsinn eigentlich, dass man Frauen das erst extra empfehlen muss. Das sollte die minimale Selbstverständlichkeit eines freien Menschen sein. Ein eigenes Leben, das ist schließlich das Erste und Wesentlichste, was man hat. Sich stattdessen zur Leibeigenen zu ernennen, ist verrückt. Das würde nur gehen, wenn alle Männer Helden und Heilige wären, auf die man voll und total bauen

kann, in deren Hände man das eigene Schicksal wirklich legen möchte. Und das sind sie, wie in diesem Kapitel ja wohl deutlich werden sollte, nun mal nicht. Intelligent, vielleicht. Wohlmeinend den Frauen gegenüber, mitunter. Aber von so übermenschlicher Klugheit und Güte, dass man gar kein eigenes Leben mehr haben will, sondern nur noch ihres teilen möchte – das sollte gut überlegt sein. Als Überlegungshilfe präsentieren wir hier noch Markus.

Markus ist 48 Jahre alt und ist Arzt. Und nachdenklich. Und idealistisch. Und unkonventionell. Und weder ein Frauenfeind noch ein Tyrann. Lesen Sie ihn bitte auf zwei Ebenen. Einmal als aufschlussreichen, intelligenten Beobachter des Zusammenlebens. Und einmal als Mann, der vielleicht ein Partner, aber besser doch kein Verwalter eines Frauenlebens sein sollte.

»Ich bin in Amerika groß geworden. Aber das war nicht das Einzige, was an meiner Erziehung bemerkenswert war. Ich habe eine sehr aufgeschlossene, unternehmungslustige und außergewöhnliche Mutter gehabt. Sie ist leider letztes Jahr bei einem Segelunfall gestorben, was irgendwie aber auch zu ihr passt. Sie war immer sehr abenteuerlustig. Mein Vater war Wissenschaftler, er war Geologe. Er ist auch schon einige Zeit tot. Meine Kindheit war wirklich die schönste und aufregendste Zeit meines Lebens. Mein Vater hat immer viele Expeditionen gemacht. Wir sind, wenn es sich mit der Arbeit meiner Mutter irgendwie vereinbaren ließ, immer mitgefahren. Wir haben in Afrika gezeltet. Wir haben Neuseeland zum Teil zu Fuß durchquert, zu Zeiten, wo es den Begriff Abenteuerurlaub überhaupt noch nicht gegeben hat. Die wichtigste Mitgift, die ich von meinen Eltern bekommen

habe – ich und meine Schwestern, ich habe drei Schwestern –, das war Zeit. Meine Eltern haben unendlich viel Zeit mit uns verbracht.
Meine Mutter war Biologin. So hat sie auch meinen Vater kennen gelernt. Sie machte damals ein Auslandsjahr in Cambridge, das amerikanische Cambridge, Massachusetts, wo mein Vater auch seinen Abschluss gemacht hat. Sie waren beide hoch begabte Menschen, die sich damals getroffen haben.
Meine Mutter war wahnsinnig verliebt in ihren Mann und in ihre Familie. Das klingt jetzt aber irreführend, weil es den Eindruck erweckt, dass sie alles andere hintangestellt hätte. Das war aber nicht so. Sie war einfach eine leidenschaftliche Frau, und auf der emotionalen Seite war die Familie ihr großes Abenteuer. Wir waren ein Mikrokosmos, der ihre ganze Welt ausgemacht hat. Sie ging in die Forschung, hat interessante Aufträge bekommen. Sie hat in Afrika oft geforscht. Sie war auch wirklich immer geistig sehr beansprucht, und trotzdem wussten wir, dass die Familie immer die höchste Priorität hatte – auch beim Vater. Er hätte zum Beispiel nach Russland gehen sollen, wo er einen sehr interessanten Auftrag bekommen sollte. Meine Eltern haben dann aber gefunden, das ist nicht der Ort, wo wir Kinder aufwachsen sollen.
Das Interessante in der Beziehung meiner Eltern war dieser Respekt, der so selbstverständlich war, dass es mir nie eingefallen wäre, dass Frauen das mindere Geschlecht sein sollen. Dass Frauen geringere Möglichkeiten haben in unserer Gesellschaft, das habe ich erst viel später begriffen. Rückblickend kann ich mich dunkel erinnern, dass mir hin und wieder fragmentarisch aufge-

fallen ist, dass es in anderen Familien anders lief. Ich kann mich an das Schlagwort der ›Stay-at-home-Moms‹ erinnern, das ist auf Englisch ja eine echte Kategorie, mit der Frauen sich beschreiben. Ich habe mitgekriegt, dass es Frauen gibt, die sich um ihre Familien in diesem konventionellen Sinn kümmern und im Grunde völlig an den Rand getreten sind. ›Stay at home‹ – das war kein Leitziel, das für meine Ohren attraktiv geklungen hätte. Dass andere Kinder vom Komfort her vielleicht mehr verwöhnt worden sind, ist mir vielleicht irgendwo aufgefallen, aber mich hat das nicht interessiert. Verwöhnung gab es bei uns nie. Meine Mutter war überhaupt nicht gut in Haushaltangelegenheiten.

Alle mussten eigentlich ziemlich mithelfen, wenn es etwas zum Essen geben sollte. Meine jüngeren Schwestern und ich haben die Sache übernommen. Mein Vater ist leidenschaftlich gerne einkaufen gegangen, und er verstand auch was vom Kochen, denn seine Mutter war von Beruf Köchin.

Ja und dann, als meine jüngste Schwester schon 13 war, hat meine Mutter begonnen, Jura zu studieren. Sie war nicht mehr zufrieden mit Biologie und mit ihren Forschungen, weil sie den Eindruck bekam, dass auf der rechtlichen Ebene, gesellschaftlich, wahnsinnig viel zu verändern war. Es hat auch immer alles zusammengepasst, sich ineinander gefügt. Wir haben zum Beispiel mit meinem Vater Expeditionen in den Regenwald unternommen und auch vier Monate dort gelebt. Meine Mutter hat später als Anwältin Gruppen vertreten, die dort um Land und um ihre Rechte gekämpft haben. Und mein Vater war da auch immer sehr involviert und hat mitgekämpft. Er war behilflich bei der Materialbeschaffung und hat diese Kampagne meiner Mutter auch zu seiner Sache gemacht. Unser Wohnzimmer in Cambridge war dekoriert mit kämpferischen Plakaten, Aufrufen, mit Kunstwerken aus irgendwelchen entlegenen Gegenden. Es war wirklich eine sehr schöne Zeit und fast ein paradiesisches Leben.

Ich bin dann über einen Schulaustausch nach Europa gekommen. Wir hatten ja starke Wurzeln nach Europa, weil meine Mutter aus Deutschland gekommen ist. Ich bin auch doppelsprachig aufgewachsen. Europa entspricht mir mehr. Ich finde das Leben hier sehr viel angenehmer, weltoffener, weniger eng und bedrückend als in Amerika, weniger provinziell.

Ich habe mich dann sehr schnell in eine Deutsche verliebt. Sie hat in einer Fotoagentur gearbeitet, zuerst als Model, dann wurde sie Fotografin. Sie war so klug, sich nicht nur vor der Kamera zu sehen, sondern sich für das Bild, für die Entstehung eines Bildes zu interessieren, für die Abläufe, technisch und geschäftlich.

Wir haben Hals über Kopf geheiratet, und Claire ist dann auch gleich schwanger geworden. Unsere Tochter ist nun schon 20 Jahre alt.

Aber es war dann so, dass Claire sich sehr schnell verändert hat. Ich habe zunächst nicht gewusst, was diese Änderung genau war, worin sie bestand, aber dann habe ich es begriffen. Die Ehe war für sie nicht die Fortsetzung oder der Beginn einer Entwicklung, sondern es war ein Ende. Sie hat die Ehe, wie soll ich das sagen, nicht als einen Prozess gesehen, als eine neue Art weiterzuleben, sondern es war ein Endpunkt, ein Stand, den es nun zu halten galt.

Wir haben ein fantastisches Jahr miteinander verbracht,

wobei ich jetzt sehe, dass dieses Jahr von ihrer Definition geprägt war: Wir sind am Ziel, fertig, Ende. Es war so, wie in den Filmen: das Happy End. Und nun sollte alles schön gemütlich und konventionell weitergehen.
Sie hatte hohe Erwartungen an mich, als derjenige, der hauptverantwortlich ist für die Versorgung der Familie. Das war aber nicht meine Sichtweise. Nicht, dass ich verantwortungslos sein wollte, aber ich hatte schon angenommen, dass sie selbstverständlich weiterhin an ihrer Karriere arbeiten würde. Und dafür war ich zu allem bereit, denn das war ich von zu Hause gewohnt, dass man sich gegenseitig beruflich unterstützt und teilnimmt. Ich war in der letzten Phase meines Medizinstudiums damals. Es war eine große Enttäuschung für sie, dass ich nicht der konventionelle Partner war, den sie sich erträumt hat, der jetzt die Berufsleiter erklimmt, während sie zurücktritt und Ärztegattin ist.
Darüber hatten wir uns vorher nicht unterhalten, unglaublicherweise. Und zwar offenbar, weil für uns beide unsere jeweiligen Erwartungen so selbstverständlich waren, dass es uns gar nicht in den Sinn kam, sie diskutieren zu müssen.
Ich, mit meiner schrägen Familiengeschichte, für mich schien es genauso selbstverständlich, dass sie jetzt natürlich weiterhin ihr Leben führen würde und dass wir vielleicht durch die Welt reisen. Sie, als Fotografin total flexibel, und ich als Arzt, auch total offen für Herausforderungen.
Ich habe dann meine Grundausbildung noch in Deutschland abgeschlossen. Danach bin ich nach Afrika gegangen, das war dann bereits eine vorläufige Trennung. Ich habe dort in einem Spital gearbeitet, in Kenia. Ich

war eine Weile auch bei ›Ärzte ohne Grenzen‹ und habe dann in der Tropenmedizin Fuß gefasst. Das waren alles noch wunderbare Möglichkeiten für sie, alles vereinbar mit ihren früheren Interessen und mit der Fotografie. Ihr aber stand der Sinn in Wirklichkeit nach einem Reihenhaus, unabhängig davon, was sie vorher gesagt und wohl auch selber geglaubt hat. Und ich will ihr das überhaupt nicht verübeln. Ich bin im Grunde genommen erschrocken über mich selber, dass wir uns nicht als erwachsene, reife, aufgeklärte Menschen vor diesem Schritt der Eheschließung hingesetzt haben und uns überlegt haben, wie wir es haben wollen. Wie wir es uns jeweils vorstellen.

Es war natürlich für mich unglaublich schwer, meine Tochter zu verlassen, aber ich habe nicht gesehen, wie ich aus dieser Situation rauskommen soll, wenn ich in Deutschland bleibe. Zu einer Scheidung konnte ich mich noch nicht entschließen, emotional. Die Flucht auf einen anderen Kontinent und die Hoffnung, dass sie doch noch mitmachen würde, war ganz stark da. Claire hat es aber nicht getan, sie ist nicht mitgekommen, sondern sie war voll der Ressentiments und Vorwürfe, und es lief so ein bisschen in Richtung Rosenkrieg.

Meine Eltern waren unglaublich vernünftig und haben Claire sehr unterstützt. Sie hatten viel Kontakt mit ihr während dieser ganzen Zeit. Claire hat auch später, als wir schon längst geschieden waren, oft viele Wochen bei meinen Eltern in Amerika verbracht, und das ist alles sehr gut gelaufen.

In Afrika habe ich mich dann relativ überstürzt in eine einheimische Ärztin verliebt. Ich habe damals auf einer Aids-Station gearbeitet. Diese Frau war unglaublich in-

volviert und leidenschaftlich. Für sie war alles eine Herausforderung. Sie hat mich sehr an meine Mutter erinnert. Sie hat Kampagnen für die Bekämpfung von Aids entworfen. Sie hat Pharmakonzerne attackiert, die die Aids-Präparate zu unglaublich überhöhten Preisen in Afrika auf den Markt bringen wollten. Sie war eine Neuauflage meiner Mutter. Sie hatte aus erster Ehe vier Kinder, und es war dann doch notwendig, die Beziehung auf eine klare Basis zu stellen, also haben wir geheiratet. Da war ich also mit 29 das zweite Mal verheiratet und Stiefvater von vier relativ kleinen Kindern, und meine Frau war acht Jahre älter als ich. Ihre Kinder waren zwei, sechs, neun und 15. Natürlich war das eine große Herausforderung, und es ist aus den verschiedensten Gründen auch schlecht ausgegangen. Nach vier Jahren hat sich unsere Beziehung mehr oder weniger aufgelöst. Ich versuche allerdings auch heute noch, ihre Arbeit zu unterstützen. Wir sind in wirklich gutem Kontakt miteinander und ich würde sagen, sie ist die fabelhafteste Person, die ich in meinem Leben je getroffen habe und meine beste Freundin.
Ich bin dann nach Europa zurückgegangen und durch Zufall zu einer internationalen Organisation gestoßen und auf diesem Weg nach Wien gekommen. In diesem Job habe ich hauptsächlich theoretisch gearbeitet. Ich war bei der UN im Antidrogenbereich sehr aktiv, habe daneben aber auch praktisch als Mediziner gearbeitet.
Ich habe dann meine jetzige Frau kennen gelernt, Elisabeth, eine Schweizer Diplomatin. Sie hat mich sofort fasziniert: eine Frau, die aus konventionellstem Hintergrund kommt und trotzdem unerschrocken in eine Männerdomäne hineingeht, die keine Herausforderung

scheut, die abenteuerlustig ist, sehr präzise, eine harte Arbeiterin, eine Frau, die sich mit trockenem Papierkram herumschlagen kann, aber dann auch hinaus in die Welt geht und wirklich versucht, einen Beitrag zu leisten.

Was mir an Elisabeth so gefällt, ist ihre Entschlossenheit. Ich glaube nicht, dass sie sich durch mich von irgendetwas abbringen lassen würde. Jetzt wird sie nach China geschickt. Und sie macht das auch. Sie wird sich nicht hinsetzen und sagen, wie wird das jetzt mit uns sein, soll ich nicht vielleicht lieber hier bleiben? Sie fährt, und ich denke, ich werde mitgehen. Ich finde, das ist eine tolle Herausforderung. Ich kenne China überhaupt nicht. Ich habe nun angefangen, alles zu lesen, was mir unterkommt, und werde mir dort sicher auch einen Arbeitsplatz in irgendeiner Form organisieren können.

Ich finde, dass Frauen heute so viele Möglichkeiten haben, dass Frauen in der Welt viel wichtiger sind als Männer. Denn ich finde, dass wir Männer irgendwo versagt haben. Unser Beitrag in der Politik und auch in der Diplomatie war ja nicht gerade ein grandioser, wenn man ehrlich ist. Männer gehen hin und verhandeln immer mit den alten Forderungen, den alten Zugängen, und es kommen dann auch immer weniger neue Ideen auf. Elisabeth hat, wie ich zu erkennen glaube, demgegenüber einen Blick dafür, was unter der Oberfläche läuft. Es interessiert sie an ihrer Stellung, obwohl sie hochrangig ist, nicht der Status, sondern es interessiert sie, was sie da genau bewegen kann. Sie ist offen gegenüber den Menschen. Es ist eine Zugewandtheit da, die ich bei ihren männlichen Kollegen überhaupt nicht sehe. Bei den Männern geht es um Ritualisierung, um Abläufe, um

Aufrechterhalten der Maschinerie, um die eigene Akzeptanz. Da tun sich die Frauen leichter, sie sind nicht so sehr damit beschäftigt, da irgendwie großartig ihr Image polieren zu müssen. Sie gehen einfach ran an die Arbeit und machen ihre Sache.

Natürlich wird sich für uns irgendwann die Frage stellen, ob wir eigene Kinder wollen. Elisabeth ist jetzt 38, und sie hat auch ganz klar gesagt, dass sie sehr gerne ein Kind bekommen möchte. Das verstehe ich, denn ich habe eine Tochter, mit der ich heute ein wirklich fabelhaftes Verhältnis habe. Ich kann mir durchaus vorstellen, noch zwei oder vielleicht drei Kinder zu haben. Die Idee ist, dass wir das durchaus auch, ab einem Zeitpunkt, wo Elisabeth dann für einige Jahre an einem bestimmten Ort ist, in Angriff nehmen, dass wir uns dann bewusst dafür entscheiden. Ich denke, dass ich in meinem Beruf, den ich ja weniger nach Karriereüberlegungen, sondern eher nach Herausforderungen und interessanten Dingen angelegt habe, Kinder und Familie sehr gut vereinbaren kann. Also wenn ich zum Beispiel in China arbeite, dann kann ich am Nachmittag relativ flexibel sein. Die Nachtdienste kann man dann mit Hilfe von außen abdecken, falls Elisabeth nicht da ist. Ich habe mir das alles schon sehr gut überlegt, und wenn wir dann dort gesettelt sind, werde ich Elisabeth einen Plan vorschlagen, wie das laufen könnte.

Vielleicht klingt das jetzt für Sie etwas merkwürdig, normalerweise machen das alles die Frauen und es ist ihre Agenda, die Kinderfrage zu verfolgen. Aber ich glaube, es ist wichtig, dass ich Elisabeth die Sicherheit gebe, sich auf kein Risiko einzulassen, sondern zu wissen, dass wir diese Sache gemeinsam sehr gut schaffen

und dass ich durchaus bereit bin, notfalls auch mehr als die Hälfte dafür zu tun.
Ich finde es aufregend, Kinder heranwachsen zu sehen und mit dabei zu sein. Wenn ich an meine eigene Kindheit denke, wie viele Wochen im Jahr mein Vater mit mir verbracht hat, wo andere Väter in irgendwelchen Firmen, Organisationen und kleinen privaten Arbeitsgefängnissen verschwunden waren. Da will ich schon ganz anders sein und ich habe, glaube ich, dafür auch die geeignete Person gefunden. Bei Elisabeth gefällt mir, dass sie aus einem kreuznormalen, sehr konservativen Umfeld kommt und diesen Aufbruch in eine neue Welt für sich selbst gestaltet hat. Es ist ihr nicht in die Wiege gelegt worden, wie mir, unkonventionell zu denken und zu sein. Sie hat sich das alles sehr hart mit ihrem Verstand erarbeitet und das ist jetzt Teil ihres gesamten Denkens und emotionalen Wollens.«
Für uns persönlich treten aus den Berichten dieser Männer drei Erkenntnisse ganz stark hervor:

- Frauen müssen es sich einfach angewöhnen, die Verantwortung und die Planung für ihr eigenes Leben zu übernehmen und zu behalten. Es ist der einzig richtige, sinnvolle und logische Weg. Damit erhöhen sie die Chancen, dass auch ihre Beziehung besser und haltbarer ist. Aber, was noch wichtiger ist, sie bewahren sich vor dem Risiko, dass mit der Beziehung ihr gesamtes Leben zusammenbricht.
- Den Mann, auf den hundertprozentig Verlass ist, gibt es nicht. Die Strategie, mit der eine Frau einen Mann halten und eine Beziehung glücklich und sicher machen kann, gibt es auch nicht.

- Je selbständiger und autarker eine Frau ist, desto besser geht es ihr. Vorauseilender Gehorsam ist eine schlechte Lebensphilosophie. Von Männern erntet man dafür bestenfalls Mitleid, erzeugt man bestenfalls Langeweile und Schuldgefühle, nicht aber Liebe, Treue oder Glück. Hingegen kann eine Frau ruhig schon Ansprüche stellen, ihren Weg gehen und erwarten, dass ein Mann streckenweise auch bereit ist, ihrer Führung zu folgen. Für Beziehungen ist es interessanter, entlastender und logischer, wenn ein Gleichgewicht besteht zwischen Liebes- und Arbeitsleben, zwischen ihrem Leben und seinem Leben.

Es ist für Außenstehende immer etwas leichter, Fehler zu erkennen, als für diejenigen, die mitten im Dickicht stehen. Und so sind Männer – sofern sie grundsätzlich gutwillig sind – als Kommentatoren des Frauenlebens oft sehr wertvoll.

Eine Frau sieht oft nicht, dass das, was sie tut, merkwürdig oder nachteilig ist. Ihr kommt es ja richtig und selbstverständlich vor, sonst würde sie es nicht tun!

Die oben stehenden Männerkommentare beziehen sich hauptsächlich auf den Privatbereich, auf die Lebensorganisation. Zum Abschluss beschäftigen wir uns gezielt mit der Frage der Arbeitswelt.

Matthias ist Gynäkologe und Oberarzt und leitet eine Abteilung in einer großen Klinik in München. Hinter seinen oft humorvollen Bemerkungen stecken viele ernste Wahrheiten.

»Ich habe viel mit Frauen zu tun, sowohl professionell mit Kolleginnen als auch natürlich privat. Ich selbst bin seit sieben Jahren verheiratet. Ich bin jetzt 39 Jahre alt.

Was mir sehr auffällt, ist, dass Frauen in den letzten zehn Jahren einen echten entscheidenden Schritt, oder mehr noch, einen Sprung nach vorne gemacht haben. Wobei es mein Gefühl ist, dass sie das selber überhaupt nicht realisieren.

Also, wenn ich mir die Situation in meiner Klinik ansehe, dann muss ich sagen, dass die Frauen von einer unglaublichen Kompetenz sind, dass sie einen ganz hohen Arbeitseinsatz zeigen, ein hohes Arbeitsethos haben und vor allem, dass sie zehn Dinge gleichzeitig betreiben können. Wenn ich einer Frau, einer weiblichen Kollegin also, eine Patientin überantworte, dann kann ich sicher sein, dass sie einfach alles checkt. Da geht's dann nicht nur um das unmittelbare medizinische Problem, sondern sie verschafft sich den Überblick, bis zu den Familienverhältnissen. Wenn ich etwas später mit ihr spreche, dann weiß sie bereits die Geschichte dieser Frau und nicht nur die Krankengeschichte. Wir alle wissen ja, wie wichtig das ist. Frauen, das wird ja ohnehin auch in der psychologischen Literatur diskutiert, fahren nicht einspurig, sondern sie bedienen gleich mehrere Fahrbahnen und brausen darauf mit atemberaubender Geschwindigkeit dahin.

Was mir aber nicht ganz klar ist, das ist, wohin diese Geschwindigkeit genau führt. Denn karrieremäßig sehe ich wenig an Entwicklung, und das scheint mir damit zu tun zu haben, dass Frauen einfach kein klares Konzept haben. Sie verfolgen keinen Plan.

Wenn ich mir die Kolleginnen, auch die jungen Kolleginnen, ansehe, die hierher kommen, dann stürzen sie sich hinein und arbeiten drauf los. Sie geben ihr Bestes für die Sache, aber sie sagen nicht ›Ich möchte für mich

XY erreichen.‹ Hingegen jeder Mann, der hierher kommt, schielt umgehend auf meinen Posten. Jeder Mann, der hier einsteigt, ist mein natürlicher Konkurrent. Frauen, die einsteigen, sind ein Gewinn für das Ganze. Sie sind nicht Konkurrentinnen. Sie sind eine wahnsinnig wichtige Erweiterung des Teams.
Was mich daran aber irritiert, ist, dass Frauen dafür, was sie heute alles schon auf die Beine stellen, was sie für Befähigungen haben, zu wenig Forderungen stellen. Sie sind niemals diejenigen, die checken, ob sie richtig eingestuft sind. Das muss dann eigentlich eher ich für sie betreiben. Sie brauchen ganz stark ein Mentoring, und sie sehen das als eine willkommene patriarchalische Unterstützung, wenn ich es für sie mache. Das finde ich im Grunde aber nicht richtig.
Es gibt schon auch eine Gruppe von Frauen, die sich untereinander weiterbringen wollen und die versuchen, weibliche Netzwerke aufzubauen. Aber in der Summe kommen die Frauen nicht so gut vorwärts, wie sie kommen sollten, und sie setzen sich auch keine hinreichend konkreten Karriereziele.
Und das ist sehr schade, weil das löst natürlich eine hohe Frustration bei den Frauen aus.
Wenn ich z. B. meine Frau betrachte, sie ist auch eine derjenigen, die ich gerade beschrieben habe. Sie ist eine von diesen tüchtigen Ärztinnen, eine die auch alles macht und sich gleich als Erste meldet, wenn irgendwo Arbeit anfällt. Was mich jetzt total fuchst – also wir sind gleich alt und zweifellos gleich tüchtig. Aber sie ist Chirurgin, und das ist ein Bereich, wo die Männer noch immer das Messer schwingen und alles, was ihnen in die Quere kommt, niederstechen. Jetzt bin ich ein bisschen

aggressiv, aber ich muss mich irgendwie abreagieren. Sie ist bei der Postenbesetzung in schamloser Weise übergangen worden. Warum? Weil sie einfach zu nett war, weil sie zu einfühlend war, weil sie notfalls irgendwie doch den anderen den Vortritt lässt.

Dann hat sie noch eine weitere Erschwernis. Sie will ja auch noch andere Dinge möglichst gut machen. Wir haben zwei Kinder. Sie macht sehr viel mit den Kindern. Natürlich haben wir die Kinderbetreuung prima geregelt. Ich mache auch viel mit den Kindern, aber sie ist die Gesamtmanagerin, das muss man ganz klar sehen. Sie macht das bis zur Erschöpfung. Sie trinkt zum Beispiel immer einen Kaffee, bevor sie aus der Klinik weggeht, damit sie fit zu Hause ankommt und Energie hat für die Kinder. Ich mache das nicht. Ich lasse mich da eher ein bisschen fallen.

Also sie ist übergangen worden, und das ist zwar nicht so wahnsinnig dramatisch, weil es wird sich in zwei Jahren wieder etwas auftun und da wird sie schon dran sein. Aber ich finde es nur symptomatisch. Das ist nicht nur die Schuld des Systems. Das System ist schlimm genug, aber es liegt, wenn ich jetzt allein die Situation meiner Frau analysiere, schon auch in den Frauen begründet.

Meine Frau ist Chirurgin aus Leidenschaft. Sie betrachtet ihre Arbeit als Privileg. Die Männer in ihrem Umfeld, also ich kenne ihre zwei unmittelbaren Rivalen, die betrachten ihre Arbeit in erster Linie als Karrierefeld. Die Idee, dass das ein Privileg ist oder so was, kommt wenn, dann erst an dritter oder vierter Stelle. Sie sind viel statusorientierter. Meine Frau würde sich nirgendwo als große Chirurgin vorstellen. Die Männer sorgen dafür,

dass sie geachtet werden, dass ihr Status richtig zur Geltung kommt, und das färbt natürlich ab, ihre ganze Umgebung behandelt sie anders.
Ich glaube, dass Frauen da ein echtes Training brauchen. Ein Training in Selbstdarstellung. Das ist in Wirklichkeit der Basiskurs, der Grundkurs, den man in jedes erste Semester einbauen sollte. Ich meine das ganz ernst. Wenn es schon Frauenförderungsstellen gibt, dann müssten die doch so was auf die Beine stellen, dass man nicht nur den jungen Mädchen zeigt, wie sie besser mit sich zurecht kommen, sondern ihnen ganz klar signalisiert, wie sie sich vermarkten können.
Also die Eigen-PR ist etwas, was den Frauen überhaupt nicht gegeben ist, sondern das müsste mit dem Holzhammer in ihre Köpfe hineingeklopft werden.
Ich habe zwei Töchter und mein größter Wunsch ist, dass meine Töchter ein weniger kampforientiertes, anstrengendes Leben führen. Mir wäre es fast am liebsten, sie machen was Künstlerisches. Wenn ich mich umblicke, jede einzelne Frau, die ich heute erlebe in meinem privaten Umfeld, steht unter hoher Anstrengung, unter hoher Anspannung. Die leisten Unglaubliches und wollen das auch, aber sie haben auch nicht wirklich die Wahl zurückzustecken, und ich sehe nicht, dass sie die Früchte ernten, die ihnen zustehen würden dafür, weder im Privaten, noch im Beruflichen.
Im privaten Umfeld ist es meistens so, dass ihre Männer relativ selbstmitleidig sind und sagen: ›Ach Gott, auf was soll ich nicht noch alles verzichten? Sie ist nie da.‹ ›Sie kümmert sich zu wenig.‹ ›Ihr Kopf ist immer irgendwo anders.‹ Oder: ›Ständig geht der Beeper, das Handy.‹

Natürlich, man ist auf Abruf, man ist auf dem Sprung in unserem Beruf. Den Männern gibt das Wichtigkeit, bei den Frauen ist es eher lästig, weil es Zuwendung abzieht, die private Sphäre durchkreuzt.
Ich muss ganz ehrlich sagen, obwohl meine Frau sehr viel Unterstützung hat, obwohl ich versuche, unsere Arbeit fair aufzuteilen, mit dabei zu sein, präsent zu sein, auch in den Ferien, an den Wochenenden, die wir frei haben, obwohl ich sehr kinderorientiert lebe – ich möchte mit ihr keinen Tag tauschen. Ihr Gepäck ist einfach um einige Kilo schwerer, das sie so täglich durchs Leben karrt. Und ich halte mich für einen der aufgeschlosseneren Partner. Wie erst Frauen das angehen, die ein störrisches Exemplar zu Hause haben, kann ich mir nicht vorstellen und ich will es mir auch gar nicht vorstellen.«
Wir hören diese Beobachtungen mit einem gewissen Zwiespalt. Wir würden es uns nämlich sehr wünschen, dass Ärzte und andere Menschen in verantwortungsvollen Positionen ihre Arbeit als Privileg betrachten und sie aus Leidenschaft betreiben würden. Wir würden uns wünschen, dass qualifizierte Leute, wenn sie einen neuen Arbeitsplatz betreten, zuallererst überlegen, wie sie sich da nützlich und kreativ einbringen können – und nicht, wie sie es am besten anlegen, um hier Chef zu werden.
Wobei sicherlich niemand behaupten würde, dass alle Frauen aus Edelmut und Hingabe bestehen und alle Männer aus Machthunger und Ehrgeiz.
Richtig ist trotzdem einiges in seiner Beschreibung. Der Einsatz und die Leistung von Frauen wird oft nicht angemessen gewürdigt. Sie stehen oft im Schatten von Männern, die nicht halb so gut sind. Und der Eigenan-

teil der Frauen ist gerade bei diesem Problem ganz gewaltig.
Wir empfehlen den Frauen, eine Zeit lang ganz gezielt auf die Anmerkungen von Männern in ihrem Umfeld zu achten. Die größte Barriere dabei ist oft die eigene Empfindlichkeit, aber das ist ein unsachliches Vorgehen. Männer haben oft einen guten Blick dafür, was Frauen falsch machen – und da wir weiß Gott selber nicht zurückhaltend sind, sondern großzügig unsere eigenen Beobachtungen über die Fehler von Männern mit ihnen teilen, sollten wir da nicht so zimperlich sein.
Susanne erzählt ein Beispiel:
»Ich hatte ein Projekt vorgeschlagen, aber es kam ziemlicher Widerstand von verschiedenen Abteilungen. Ich hatte mich sehr um die Sache bemüht, und ich war davon überzeugt, dass die Idee gut war. Ich fand, dass sie dankbar hätten sein sollen für meinen Extraaufwand, statt Probleme zu machen. Ich fühlte mich ungerecht behandelt und war ganz sauer. Aber von Thomas – meinem Lebensgefährten – erhielt ich kein Mitleid. Er hat den Kopf geschüttelt. Das ist doch alles komplett irrelevant, hat er dann ungeduldig eingeworfen. Wie ich mich fühle, dass ich beleidigt bin, dass dies oder das hätte passieren sollen ... was war der Sinn solcher Überlegungen? In einem etwas ungeduldigen Ton, als ob er einem Schüler zum zehnten Mal das Einmaleins erklären würde, sagte er: ›Du musst überlegen, was du haben willst, was passieren soll. Nicht über dieses andere Zeugs nachdenken.‹ Und er hatte total Recht. Dieser Satz – er ist ja so selbstverständlich. Aber ich ertappe mich immer wieder dabei, auf emotionale Nebengleise abzurutschen. Und dann sage ich es mir vor: ›Was will ich hier erreichen?

Zu welchem Punkt will ich diese Gruppe jetzt bringen?‹ Es ist nützlich, weil es mir hilft, den Fokus zu halten und nicht immer wieder in meine Gefühlswelt wegzudriften.«

- ➢ Plan – wissen, was man erreichen will.
- ➢ Raum – die eigene, in diesem Fall emotionale Zone nicht von anderen Leuten ständig grenzübergreifend verletzen lassen.
- ➢ Gleichgewicht – sich nicht aus dem Konzept bringen lassen, sondern standfest den eigenen Weg gehen.

Die drei Begriffe sind überall nützlich. Und was bei uns übrig bleibt, wenn wir uns zu dieser neuen Haltung disziplinieren, können wir ja an die Männer abgeben.
Die haben nämlich oft einen Mangel an den Dingen, die wir im Überschuss besitzen: die Bereitschaft, nachzugeben. Den Willen, Raum abzutreten, um für andere Platz zu machen. Und mehr Sensibilität für die Rolle von Gefühlen in allen, auch in scheinbar neutralen und sachlichen Lebenssituationen.